Work*in Progress

19 Stimmen für eine
gerechtere Gesellschaft

herausgegeben von
Camille Haldner & Anne-Kathrin Heier

Bibliografische Information der Deutschen Nationalbibliothek
Die Deutsche Nationalbibliothek verzeichnet diese Publikation in der
Deutschen Nationalbibliografie; detaillierte bibliografische Daten
sind im Internet über portal.dnb.de abrufbar.

Impressum
1. Auflage September 2024
Layout und Satz: Birgit Lonsdorfer
Lektorat/Redaktion: Camille Haldner,
Anne-Kathrin Heier, Stefanie Döring,
Jacqueline Meyer
Druck und Bindung: HUNTER Books GmbH,
Kleyerstraße 3, 64295 Darmstadt

©Klartext Verlag, Essen 2024
ISBN 978-3-8375-2673-8

 **KLARTEXT**   Jakob Funke Medien Beteiligungs GmbH & Co. KG
Jakob-Funke-Platz 1, 45127 Essen
info.klartext@funkemedien.de
www.klartext-verlag.de

Work*in Progress

19 STIMMEN FÜR EINE GERECHTERE GESELLSCHAFT

herausgegeben von
Camille Haldner & Anne-Kathrin Heier

KLARTEXT

Inhalt

Vorwort

Julia Becker

Laut sind oft die, die ihre Stimme besser gar nicht erheben sollten. Leise sind zu oft die, die endlich und in aller Konsequenz Gehör finden müssten, aber viel zu häufig ausgebremst und klein gehalten werden: Frauen, Mädchen, Migrant*innen, queere Menschen, Menschen mit Behinderungen, alte Menschen, armutsbetroffene Menschen und rassismusbetroffene Menschen. Denn eines ist klar in diesen Zeiten: Wir erleben die Grenzen der Aufklärung in bedrohlicher Weise. Gerade in den Ländern, die sich Freiheit, Rechtsstaatlichkeit, Gleichheit, Gewaltenteilung, Individualismus und Toleranz verschrieben haben, scheint ein Sturm auf die fortschrittlichen, emanzipatorischen, demokratischen Bastionen begonnen zu haben. Hetzer*innen und Verfechter*innen von einfachen Scheinlösungen bestimmen mehr und mehr den gesellschaftlichen Diskurs. Extremistische und populistische Parteien gewinnen an Zustimmung. Autoritäre Kräfte nutzen immer häufiger die Freiheiten liberaler Gesellschaften, um die individuellen Freiheiten, die für die Entfaltung und Selbstbestimmung aller wichtig sind, einzuschränken.

Ganz gleich, ob sie eher rechte oder linke Positionen vertreten, eines haben fast alle Populist*innen und Extremist*innen gemeinsam: Sie streben autoritäre, patriarchale Gesellschaftsmodelle an. Emanzipation und Vielfalt mit gleichen Entfaltungsrechten und -möglichkeiten für alle Menschen, unabhängig von ihrem Geschlecht, ihrer Herkunft, ihrer Hautfarbe, ihrem Alter, ihrer Religion, ihrer körperlichen und psychischen Verfassung sowie ihrer sexuellen Orientierung sind die Opfer dieses beängstigenden Trends. Nach Jahrzehnten, in denen die Gleichberechtigung der Geschlechter deutliche Fortschritte gemacht hat und Diversität wenn noch lange nicht zur Normalität, so doch aber mehr und mehr zu einem von vielen geteilten gesellschafts-politischen Ziel wurde, schlägt das Pendel zurück. Die Über-windung von Sexismus, Rassismus, Antisemitismus, Ableismus, Klassismus, Queerfeindlichkeit scheint genauso in weite Ferne gerückt zu sein wie das Schließen der unterschiedlichen Gender Gaps: Care, Health, Data, Pay …

Ein Blick in die Sozialen Medien macht das exemplarisch deut-lich. Dort wird der Trend zu konservativen Frauenbildern und Geschlechterstereotypen allgemein immer stärker. Man denke nur an die beliebten „Tradwives"-Posts, in denen das Idealbild der traditionellen Hausfrau zelebriert und zementiert wird – leider nicht selten in Verbindung mit rechtspopulistischen Ideologien und einer strikt antifeministischen Haltung. Gleichzeitig tauschen sich bei Instagram oder TikTok Männer in Pseudo-Talk-Formaten darüber aus – immer wieder auch in aggressiver Weise –, wie Frauen ihrer Ansicht nach zu sein haben und wie sie sich ver-halten sollen. All das geht viral und findet enorme Reichweiten. Doch gerade in Zeiten des anti-emanzipatorischen Backlashs dürfen wir nicht aufgeben. Alle, die für eine bessere, gerechtere Welt eintreten, müssen jetzt eng zusammenstehen, konstruktive Lösungsansätze entwickeln und diskutieren, gemeinsam Wege zu ihrer Realisierung erarbeiten und sich gegenseitig ermutigen. Deshalb freue ich mich so sehr über diesen Sammelband. Hier schreiben Menschen, die Mut haben und Mut machen, ana-lysieren ausgehend von ihren eigenen Erfahrungen die aktuelle Situation, denken über Wege der Veränderung nach und formu-lieren Forderungen an Gesellschaft, Wirtschaft und Politik. Sie geben denen eine Stimme, die nicht gesehen und nicht akzep-tiert werden. Die täglich kämpfen müssen, ob im Beruf, in der

Familie oder im Freundes- und Bekanntenkreis. Dabei verweilen sie nicht in ihren individuellen Lebenswirklichkeiten, sondern erweitern persönliche Details zu einer gesamtgesellschaftlichen Dimension. Damit regen sie eine Diskussion an, die wir heute dringender denn je brauchen: darüber, wie wir in Zukunft miteinander leben wollen, was wir anstreben und wie wir dorthin kommen können. Und, ganz wichtig: Alle Beiträge zeigen, wie wir Courage bewahren können, auch wenn uns der Wind heftig ins Gesicht bläst.

Genau das ist auch der Charakter der Marke EDITION F, deren Macherinnen diese Anthologie herausgegeben haben: die Lage nüchtern und gewissenhaft analysieren, Verbesserungsmöglichkeiten aufzeigen, dazu ermutigen, das Notwendige zu tun und dabei nicht nachzulassen, das Gelungene zu feiern! Seit zwei Jahren gehört EDITION F zur FUNKE Mediengruppe, worüber ich mich sehr freue. Denn das Magazin gibt nicht nur viele wichtige Impulse in die Gesellschaft, es regt auch innerhalb unseres Unternehmens zum Nachdenken und Handeln an und verändert damit mehr, als uns vielleicht manchmal bewusst ist. Dieser Sammelband ist eine Art Extrakt von EDITION F. Er erhebt keinen Anspruch auf Vollständigkeit, sondern versammelt eine ganze Reihe unterschiedlicher Denkrichtungen, die ein Ziel teilen: die echte Gleichberechtigung aller Menschen. Die Autor*innen sind Brückenbauer*innen, die ihre vielfältigen Erfahrungen teilen und den Finger in die Wunde legen. Die unterschiedlichen Positionen spiegeln die Vielstimmigkeit wider, für die EDITION F steht. Wir müssen nicht allen Positionen zustimmen. Aber auch die Auseinandersetzung mit uns fremden oder unbequemen Ansichten ist ein Wert. „Heute kommt es darauf an, dass Leute, die verschieden denken, miteinander sprechen", hat Freya von

Moltke, die den berühmten Kreisauer Kreis im Widerstand gegen den Nationalsozialismus mit ins Leben rief, sehr richtig festgestellt. Dieses Buch möchte zu einem solchen Gespräch inspirieren. Es möchte unsere Gegenwart vermessen und zeigen, dass wir alle Menschen sind, die ihre eigenen Privilegien im Abgleich mit anderen Lebenswirklichkeiten erkennen und für eine gerechtere Welt einsetzen können. Der Fortschritt mag zwar eine Schnecke sein – aber er ist unaufhaltsam. Mal läuft es besser, mal miserabel; gestern haben wir drei Schritte nach vorne gemacht, und auch wenn wir heute zwei zurückgegangen sind, so sind wir dennoch weiter, als wir es vorgestern waren: WORK*IN Progress also.

Ich danke Anne-Kathrin Heier und Camille Haldner für die Idee und Realisation dieses wichtigen Buches. Möge es viele Leser*innen auch bei denen finden, die sich von den Anti-Aufklärer*innen angesprochen fühlen.

Zusammenhalt und Solidarität

Gespräch der Herausgeberinnen über dieses Buch

Camille Haldner: „Work*in Progress" heißt dieses Buch. Was hat es mit diesem Titel auf sich, Anne?

Anne-Kathrin Heier: Das Buch ist ein Ergebnis der redaktionellen Arbeit von EDITION F, dem Online-Magazin, für das wir gemeinsam arbeiten. Damit steht das Buch für die Werte, für die auch EDITION F steht, seit es vor zehn Jahren von Susann Hoffmann und Nora-Vanessa Wohlert gegründet wurde: Wir setzen uns unter Einbeziehung verschiedenster Perspektiven und mit einem intersektionalen Blick für Gleichberechtigung in allen Bereichen des Lebens ein. Da gibt es unendlich viel zu tun, ein Ende ist (leider) nicht in Sicht. Das Sternchen im Titel deutet auf eine verspielte Weise die Richtung an, in die wir uns bewegen müssen – hin zu Geschlechtergerechtigkeit und Vielfalt. Wir sind mitten im Prozess. Laut Weltwirtschaftsforum zum Beispiel dauert es noch 134 Jahre, bis die Gleichstellung zwischen Mann und Frau erreicht ist.

Camille Haldner: 134 Jahre ist echt eine lange Zeit, insbesondere wenn man bedenkt, wie lange Feminist*innen bereits für Gleichberechtigung kämpfen. Hinzu kommt, dass diese Berechnung des Weltwirtschaftsforums lediglich die fehlende Chancengleichheit und Diskriminierung aufgrund von Geschlecht in den Blick nimmt und nicht auf die Kämpfe anderer marginalisierter Gruppen eingeht. Du hast den intersektionalen Ansatz erwähnt, der den Blick weitet für verschiedenste Formen der Diskriminierung wie Antisemitismus, Ableismus, Klassismus, Rassismus und Queerfeindlichkeit. Eine Berechnung, wie lange es dauert, bis all diese Ungerechtigkeiten aus der Welt geschafft wurden, gibt es vermutlich nicht einmal.

Anne-Kathrin Heier: Nein, ziemlich sicher nicht. Vor allem gelten Errungenschaften des Feminismus ja leider nicht als unumstößlich. Nicht selten gehen wir als Gesellschaft drei Schritte vor und zwei zurück. Die Bandbreite an Ungleichheit, Ausgrenzung, Diskriminierung ist einfach immens groß. Und das ist auch der Grund, warum wir den Voices Newsletter bei EDITION F ins Leben gerufen haben: Hier schreiben jede Woche Autor*innen über Missstände und Ungerechtigkeiten. Ausgehend von ihren ganz persönlichen Erfahrungen spannen sie die Themen gesellschaftspolitisch auf, ergänzen sie mit Studien, Daten und Fakten und zeigen – und das ist uns besonders wichtig – im Sinne des konstruktiven Journalismus auch Wege und Lösungen auf. Daraus entsteht im besten Fall der utopische Entwurf eines Lebens, das gut und gerecht für uns alle ist. „Work*in Progress" ist eine repräsentative Zusammenstellung der wöchentlich im Voices Newsletter erscheinenden Texte.

Camille Haldner: Diese Vielstimmigkeit ist eine große Stärke des Buches, die wir auch im Untertitel – „19 Stimmen für eine gerechtere Gesellschaft" – sichtbar machen. Als uns die Kolleg*innen vom Verlag darauf aufmerksam machten, dass es 20 Autor*innen sein müssten, um im Titel ein Gefühl der Vollständigkeit vermitteln zu können, war für uns ganz klar: eine unrunde Zahl ist genau richtig. „Work*in Progress" erhebt keinen Anspruch auf Vollständigkeit und liefert kein fertiges Rezept, wie echte Gleichberechtigung für alle Menschen erreicht wird. Das kann ein einzelnes Buch kaum leisten. Vielmehr geben unsere 19 Autor*innen Impulse, bieten Einblicke in verschiedene Lebensrealitäten und schaffen so ein Bewusstsein dafür, dass die bestehenden Strukturen dieser Welt oft ungerecht sind und viele Menschen diskriminieren. Selbstverständlich gäbe es darüber hinaus noch viele weitere Perspektiven, die für eine Diskussion über Gleichberechtigung wichtig und wertvoll sind. Die bilden wir hoffentlich auch in Zukunft im EDITION F-Magazin ab.

Anne-Kathrin Heier: Ich muss sehr oft an einen Satz von Enissa Amani denken, die bei einem unserer Events gesagt hat: „Wir haben eine Sache noch zu wenig begriffen: wie wichtig es ist, sich für Gruppen einzusetzen, denen wir nicht angehören." Ich denke, dass sie hier eine Haltung beschreibt, die wir als Gesellschaft verinnerlichen sollten. Wir brauchen das unablässige Bewusstsein über die eigenen Privilegien, um sie zu nutzen. Dieses Buch zeigt einen kleinen Ausschnitt einer riesigen Welt, die voller Krisen, Kriege und struktureller Unterschiede ist. Wir alle haben die Verantwortung und wir alle können unseren Teil beitragen für ein besseres Leben für alle. Und so bleiben die letzten Seiten in diesem Buch frei. Frei für die Gedanken unserer Leser*innen, frei für neue Ideen, frei für weitere Perspektiven. Wir führen dieses einleitende Gespräch kurz bevor das Manuskript in den Druck geht. Mit welchem Gefühl übergeben wir dieses Buch der Öffentlichkeit, Camille?

Camille Haldner: Mit der Hoffnung, dass sich möglichst viele Menschen in den Texten der verschiedenen Autor*innen wiederfinden, sich gesehen und verstanden fühlen; dass sie Worte für Gefühle und Erfahrungen finden, die ihnen bisher vielleicht gefehlt haben. Und wir hoffen, dass Leser*innen, die bisher keine Berührungspunkte mit gewissen Themen hatten, ihr neu gewonnenes Bewusstsein über existierende Ungerechtigkeiten dafür nutzen, andere in ihrem Kampf für Gleichberechtigung zu unterstützen. Gerade auch mit Blick auf immer stärker werdende antifeministische Kräfte, die – wie die Autorin Gilda Sahebi in ihrem Kapitel beschreibt – gut darin sind, Menschen zu spalten, müssen wir zusammenhalten und solidarisch sein.

The Power of Rage

Warum wir alle mehr Wut zulassen sollten

KATHARINA REIN

„Reg dich erstmal ab." Kaum eine Aussage bringt mich schneller auf 180! Wenn ich vorher eher mittelmäßig angepisst war, dann bin ich, sobald dieser Satz ausgesprochen ist, mit an Sicherheit grenzender Wahrscheinlichkeit kurz vorm Explodieren. Männer, die leidenschaftlich für ihr Recht einstehen, gelten als „durchsetzungsfähig". Wenn Frauen hingegen ihrer Wut Luft machen, werden sie häufig als „überemotional" oder gar „irrational" bezeichnet. Ihre Wut macht sie „zickig", „hysterisch", „unsympathisch". Wer, wie ich, zum Club der wütenden Frauen gehört, bekommt den Satz „Reg dich erstmal ab" oder eine ähnliche Variante entsprechend oft zu hören. Denn dieser Satz gehört zu einer Taktik: Beim sogenannten „Tone policing" werden Ton und Wortwahl angegangen, um vom Inhalt des Gesagten abzulenken. So ist es leichter, sich der Debatte zu entziehen. Das Gegenüber soll ins Zweifeln kommen: Ist meine Wut berechtigt? Dabei ist Wut als Reaktion auf real existierende Ungerechtigkeiten eine verdammt angemessene Reaktion! Und ich als Frau habe allen Grund, wütend zu sein.

Die amerikanische Aktivistin, Journalistin und Autorin Soraya Chemaly beschreibt die Wut in ihrem TED-Talk „The Power of Women's Anger" als Emotion, die uns „vor Demütigung, Drohungen, Beleidigungen und Leid" warnen soll. Wut zeigt uns an, wenn uns Unrecht widerfährt. Sie meldet sich, wenn etwas passiert, was wir nicht möchten. Wenn wir auf unsere Wut hören, fällt es uns leichter, Grenzüberschreitungen zu erkennen. Und laut „Stopp" zu sagen.

Wut als emotionales Zuhause

Deshalb hat sich Wut für mich schon als Kind besser angefühlt als Traurigkeit. Über die Jahre ist sie mein emotionales Zuhause geworden. Bin ich traurig, verletzt und hilflos, dann möchte ich mich in die Ecke verkriechen und mich selbst bemitleiden. Meine Wut aber macht mich wehrhaft. Wenn ich wütend bin, werde ich vom hilflosen Opfer der Umstände zur Verteidigerin meiner eigenen Grenzen. Waren früher Mitschüler*innen gemein zu mir, so war die Wut mein Antrieb, lautstark zurückzufeuern. Behandelten Lehrer*innen mich oder meine Klassenkamerad*innen ungerecht, ging ich auf die Barrikaden. Viele Schulstunden verbrachte ich deshalb vor der Tür des Klassenzimmers. Lieber wurde ich von allen respektiert, von allen gehört als von allen gemocht. Ich habe früh gelernt, dass Wut mir hilft, mich durchzusetzen. Und dass ich für meine Wut einen Preis zahlen muss, den Männer nicht zahlen.

Obwohl Wut schon immer meine bevorzugte Emotion war, schaue ich heute auf viele Momente zurück, in denen ich viel wütender hätte sein müssen. Momente, in denen Männer mich ohne meine Zustimmung angefasst haben, in denen mir Männer ins Wort gefallen sind, mich bloßgestellt haben.

„Wut zeigt uns an, wenn uns Unrecht widerfährt. Sie meldet sich, wenn etwas passiert, was wir nicht möchten. Wenn wir auf unsere Wut hören, fällt es uns leichter, Grenzüberschreitungen zu erkennen. Und laut ‚Stopp' zu sagen."

Vor kurzem fiel mir ein altes Bild in die Hand: Tenniscamp 2005. Ich stehe zwischen den anderen Mädchen aus meiner Mannschaft. Ich habe vielleicht 15 Kilo mehr auf den Rippen als die anderen. Ich betrachte das Bild und sofort schießen mir Erinnerungen an diese Zeit durch den Kopf. An die vielen Sprüche über mein Gewicht, die ich mir von Lehrer*innen, Jungs und ja, auch meinen Tennistrainern anhören musste. Damals habe ich in diesen Situationen oft mit einem frechen Spruch gekontert, bewusst Humor genutzt, um mir in der Situation noch mehr Häme zu ersparen. Innerlich habe ich getobt. Ich war wütend. Meistens auf mich selbst, dafür, dass ich nicht einfach so sein konnte wie die anderen. Doch in diesem Moment, mit dem Foto in der Hand, überkommt mich eine andere Wut: Wut auf die Ungerechtigkeit, die meinem jüngeren Ich widerfahren ist. Dem Ich, das jahrelang geglaubt hat, es sei weniger wert, weil es zu dick ist.

Meine Wut richtet sich jetzt gegen die, die mich schikaniert haben. Und gegen die, die danebenstanden und mich nicht verteidigt haben. Gegen das System, in dem Frauen nur so viel zählen, wie sie sexuell attraktiv sind. Ich fange an zu beben, das Blut schießt mir ins Gesicht, mein Magen verkrampft sich. Ich bin so rasend vor Wut, dass ich das Gefühl habe, meine Haut brennt. Ich schreie aus vollem Hals all meine Wut raus.

Motor, Schutzschild und Schwert

Danach sitze ich in der Stille. Ich fühle mich, als ob eine Last von mir abgefallen ist. Denn ich realisiere, dass ich Mitleid habe mit dem Mädchen, das Ungerechtigkeit erfahren hat. Dass ich den Impuls habe, es zu beschützen. Und ich denke an die vielen Situationen, in denen ich meine Wut nicht gegen mich selbst, sondern gegen den Aggressor gerichtet habe. In denen ich für mich eingestanden bin, ohne an die möglichen Konsequenzen zu denken. In denen ich laut „Stopp" und „Nein!" gesagt habe. In denen die Wut mein Motor war. Mein Schutzschild und mein Schwert. Und plötzlich bin ich stolz auf mich. Stolz darauf, eine wütende Frau zu sein. Diese Erfahrung wünsche ich mir für alle Frauen.

Deshalb macht es mich rasend, dass Frauen ihre Wut systematisch aberzogen wird. Die Forschung ist eindeutig: Frauen fühlen Wut genauso intensiv und häufig wie Männer. Die Reaktion auf ihre Wut macht den Unterschied. Sie werden weniger ernst genommen, erfahren Ablehnung, wenn sie ihre Wut zeigen – und lernen früh, sich selbst zu zensieren. Und die Wut nach innen zu richten, wie ich.

„Frauen haben nicht nur gelernt, ihre Wut zu unterdrücken, sondern dann mit einem anderen Gefühl zu reagieren. Mit einem erlaubten. Sie dürfen ängstlich und hilflos und traurig sein (…)

Mädchen, die weinen, werden in Schutz genommen, Mädchen, die zornig sind, werden weggeschickt", erklärt Almut Schmale-Riedel im Expertinneninterview mit der „Frankfurter Rundschau". Die Supervisorin, Lehrtherapeutin und Coachin leitet das Fortbildungs- und Psychotherapie-Institut TEAM in Gilching bei München und untersucht das Phänomen in ihrem Buch „Weibliche Wut". Dass die weibliche Wut so anders bewertet werde, habe auch mit Dominanz zu tun, erklärt Prof. Dr. Ursula Hess, Professorin für Sozial- und Organisationspsychologie an der Humboldt-Universität zu Berlin. Wer wütend ist, zeige Dominanz und die gelte als unweiblich. Dominante Frauen werden laut empirischen Untersuchungen entsprechend aggressiver wahrgenommen als Männer, wenn sie das Gleiche sagen.

„Frauen, die wütend sind, sind weniger leicht zu kontrollieren. Und Frauen, die sich nicht kontrollieren lassen wollen, können den Wandel erreichen – politisch, gesellschaftlich, wirtschaftlich."

Es geht noch weiter: Wenn Frauen dominant und wütend auftreten, setzen sie sich schlimmstenfalls körperlicher Gewalt aus. Immerhin jede dritte Frau in Deutschland ist mindestens einmal in ihrem Leben von sexualisierter und/oder körperlicher Gewalt betroffen.

Im vergangenen Jahr hat mich ein Typ, der im Club an der Schlange vorbei ins freiwerdende Klo drängelte, weggeschubst und mir brutal den Arm in der Tür eingeklemmt, als ich die Toilettentür aufhielt, um ihn zur Rede zu stellen.

Wut aus intersektionaler Perspektive

Das Problem: Wer der sozialen Rolle der submissiven, angepassten Frau gerecht werden will, wer nicht wütend ist, akzeptiert den Status Quo. Und das ist ein Privileg derjenigen, die weniger stark unter ihm leiden. Ein Privileg, das sich nicht alle Frauen leisten können – und das sich keine von uns leisten sollte. Es sind die Frauen, die nicht nur wegen ihres Geschlechts, sondern auch wegen ihrer Hautfarbe, ihrer Sexualität, ihrer Behinderung oder Krankheit, ihrer Religion oder Kultur, ihrer (sozialen) Herkunft oder ihres sozialen Status diskriminiert werden. Die am meisten unter dem Patriarchat leiden. Und denen gleichzeitig, wenn sie Widerstand leisten, die größten Konsequenzen drohen. Im Job kann ich beispielsweise leichter unbequem und kritisch sein, wenn ich ein finanzielles Polster habe und mir bei Verlust meiner Arbeit nicht die Wohnungslosigkeit droht. Ich kann meinem Ärger einfacher Luft machen, wenn ich nicht bei der kleinsten geäußerten Kritik als „angry black woman" diskreditiert werde. „Meine Wut als Schwarze Frau wird ganz anders bewertet als die einer *weißen* Frau. Die einer dicken Frau, behinderten Frau, queeren, non-binären ebenso", erklärt Ciani-Sophia Hoeder, Journalistin und Autorin des Buches „Wut und Böse" in einem Artikel im „Stern" das Problem.

Obwohl ihnen in der Regel größere Konsequenzen als anderen drohen, gehen diese Frauen auf die Straße, sind laut und wütend. Weil sie müssen. Weil sie die Ungerechtigkeit nicht mehr aushalten. Und weil sie wissen, dass nett fragen keinen Wandel bringt. Man denke nur an die Frauen im Iran, deren Wut ein komplettes Regime ins Wanken gebracht hat. Die körperliche Angriffe, Inhaftierung und Tod fürchten müssen und trotzdem jeden Tag Widerstand leisten. Oder an die Schwarzen Frauen, die die Speerspitze der Black Lives Matter Bewegung bilden.

Wo bleibt die Solidarität?

Deshalb möchte ich (insbesondere privilegierte *weiße*) Frauen, die scheinbar nie wütend sind, am liebsten an den Schultern packen und schütteln. Ich möchte schreien: Lässt dich diese ungerechte Scheiße etwa kalt? Warum stehst du verdammt nochmal nicht für dich und für andere ein? Wo bleibt deine Solidarität? Laut Gender Gap Report 2024 des World Economic Forums

(WEF) soll es noch 134 Jahre dauern, bis Frauen und Männer weltweit gleichgestellt sind. Ob Gender Pay Gap, Gender Health Gap und Care Gap: Diese verdammten Lücken werden sich in unserer Lebenszeit nicht schließen, wenn wir so weitermachen.

Dieser Realität können wir nur entgegenwirken, wenn wir gemeinsam wütend sind. Wenn wir breite Bande der Solidarität bilden. Wenn unser Feminismus intersektional ist.

Ja, es hat Nachteile, wenn man als Frau wütend ist. Aber wie wäre es, wenn unser Aufbegehren gegen Ungerechtigkeiten zur Norm würde? Wenn wir Mädchen beibringen, dass Wut ein berechtigtes Gefühl ist? Wenn wir unsere Wut annehmen lernen und sie zu unserem Schutz nutzen? Wenn wir sie wie einen Muskel trainieren und sie immer dann rausholen, wenn eine Situation ein klares „Nein, ich will das nicht" erfordert? Je mehr wir sind, desto weniger kann man uns ignorieren. Je lauter unser Diskurs, je weniger wir uns einlassen auf ewiges „Tone policing" und je mehr unsere Wut das Gegenüber zwingt, beim Punkt zu bleiben, desto weniger kann man uns ignorieren. Frauen, die wütend sind, sind weniger leicht zu kontrollieren. Und Frauen, die sich nicht kontrollieren lassen wollen, können den Wandel erreichen – politisch, gesellschaftlich, wirtschaftlich.

Sprechen statt schweigen

Wie du Betroffene sexualisierter Gewalt unterstützen kannst

SARA HASSAN

Im Jahr 2017 ist mit #MeToo ein Riss durch die Gesellschaft gegangen. Seither sprechen wir öffentlich über Machtmissbrauch. Wenn es um den Umgang mit Betroffenen geht, stehen wir aber noch ganz am Anfang. Wer sich anderen anvertraut, bekommt oft abgeschmackte Klischees, unrealistische Vorschläge und im besten Fall unsensible Floskeln zu hören. Solche Kommentare können einiges anrichten.

Ich habe in den vergangenen Jahren viel über den Umgang mit sexualisierter Belästigung gelernt, zum Beispiel, dass Belästigende immer wieder die gleichen Strategien anwenden, und auch die Reaktionen aus dem Umfeld oft sehr ähnlich sind. Im Umgang mit Menschen hätte ich mir gewünscht, ihnen weniger dieser Lektionen beibringen zu müssen.

Ich teile hier, was ich an persönlichen Erfahrungen und durch die Arbeit in einem feministischen Frauennetzwerk gesammelt habe. Natürlich kann und will ich nicht für alle sprechen. Viele Geschichten von sexualisierter Belästigung haben zwar Gemeinsamkeiten und fast alle folgen gewissen Mustern, aber jede Leidensgeschichte ist individuell und jede*r Betroffene braucht etwas anderes. Oft bedeutet das viel Zeit und, sofern das möglich ist, eine therapeutische Begleitung. Entscheidend ist aber auch, wie sich das Umfeld verhält und ob es ein unterstützendes Netzwerk gibt, das Betroffenen nicht das Gefühl gibt, zur Last zu fallen oder für die Aufarbeitung „zu lange" zu brauchen.

Belästigung geht uns alle an!

Belästigung ist nicht einfach nur ein Problem Betroffener, sie geht uns alle an. Wir müssen als Gesellschaft und in Communitys besser darin werden, füreinander da zu sein. In all den Geschichten, die ich gehört habe, waren angeblich unbeteiligte Dritte oft ausschlaggebend dafür, wie eine Belästigungsgeschichte weitergeht. Darum richtet sich dieser Text auch an sie.

Viele Menschen sind es nicht gewohnt, über Trauma, Trauer und Schmerz zu sprechen und wissen nicht, wie man sich in solchen Situationen verhält. Bei Gesprächen über sexualisierte Belästigung kommt für viele das ungewohnte Terrain dazu, für das oft die richtige Sprache fehlt.

Aber: Selbst betroffen zu sein, macht die Situation nicht einfacher. Die betroffene Person hat sich ihre Lage nicht ausgesucht, sie wurde gegen ihren Willen in diese Lage gebracht und muss selbst einen Weg finden, damit umzugehen. Auch Betroffenen fehlt oft das Vokabular. Die Gedanken rasen, die Einordnung fällt schwer. Gleichzeitig gibt es hohe Ansprüche von außen an die Betroffenen: Viele erwarten ein Expert*innentum zum Thema. Sie denken, dass Betroffene alles durchanalysiert haben und über Erlebtes mit einer emotionalen Distanz sprechen können, als wäre es nicht ihr eigenes Leben, das da aus den Fugen gestoßen worden ist.

Sprechen statt schweigen

Statt die Möglichkeit zu haben, das alles mit anderen herausfinden zu können, passiert aber oft das Gegenteil: Menschen, die nicht wissen, was sie sagen oder tun sollen, wenden sich ab. Oft tun sie das aus eigentlich noblen Beweggründen wie dem, dass sie das Gegenüber nicht verletzen wollen, aber die Wirkung ist verheerend – die Kluft zwischen Betroffenen und ihrem Umfeld wird so noch größer.

Die Hürden, die man nehmen muss, um das Schweigen zu brechen, werden unüberwindbar. Dabei haben Betroffene ohnehin schon eine Tendenz zur Isolation. Wer helfen will, sollte sich dieser Dynamik bewusst werden und ihr entgegenwirken. Die Person wird sich nicht ohne Grund anvertraut haben und das Anvertrauen selbst ist schon schwierig genug. Sei dir dessen bewusst und wähle deine Worte mit Bedacht. Das führt zum nächsten Punkt.

Scham verstehen

Betroffene schämen sich oft für Übergriffe, weil uns gesellschaftlich eingebläut wird, dass wir selbst daran schuld sind, wenn wir belästigt werden – oder einen Übergriff sogar provoziert haben müssen. Das Patriarchat hat ganze Arbeit geleistet, und diese Logik hat sich so tief im kollektiven Denken verankert, dass es unfassbar schwierig ist, über die Entstehungsgeschichte von Machtmissbrauch zu sprechen. Und zwar nicht nur einmal und in groben Zügen, sondern immer wieder und im Detail, bis es wirklich verstanden wird.

Internalisierte Schuldgefühle, Stigmata und die Angst, anderen zur Last zu fallen, führen oft dazu, dass sich Betroffene zurückziehen und nicht mehr recht wissen, wie sie die Hand ausstrecken sollen. Die Scham führt auch dazu, dass wir versuchen, die eigene Erfahrung kleinzureden, weil es ja noch schlimmer hätte kommen können, andere es noch schwieriger haben und sich das Leiden dann nicht legitim anfühlt.

„Betroffene schämen sich oft für Übergriffe, weil uns gesellschaftlich eingebläut wird, dass wir selbst daran schuld sind, wenn wir belästigt werden – oder einen Übergriff sogar provoziert haben müssen."

Wenn das Umfeld sich dieser Prozesse bewusst ist, ist schon mal einiges gewonnen. Hilfreich ist zu signalisieren, dass die Betroffenen keine Belastung sind.

Relativierungen vermeiden

Weit verbreitet, gut gemeint, aber wenig hilfreich ist der Versuch, die Situation zu relativieren, was Betroffene oft genug selbst tun. Mit der Absicht, den Schmerz irgendwie zu verringern oder in Perspektive zu setzen, werden oft unpassende Vergleiche gemacht. Plötzlich ist die Rede von anderen Belästiger*innen, die noch viel grausamer agiert haben, oder davon, wie Belästigung eben überall stattfindet.

Das ist ein schlechter Trost, denn was eigentlich angebracht wäre, ist Anerkennung, und zwar ohne Wenn und Aber – gerade wenn Betroffene diese Relativierungen an sich selbst vornehmen. In einer Gesellschaft, die solche Fälle viel zu selten verurteilt und offiziell als ein Unrecht benennt, ist es extrem wichtig, von außen zu hören: „Das, was dir zugefügt wurde, ist furchtbar und ungerecht. Es hätte nicht passieren dürfen und dich trifft keine Schuld. Du verdienst alle Solidarität der Welt."

Spannung aushalten

Ja, solche Situationen sind schwierig. Menschen, die beistehen wollen, versuchen oft fast gezwungen, etwas Tröstliches zu sagen oder irgendetwas zu unternehmen, um den Zustand der Betroffenen zu verändern. Traumata lassen sich aber nicht mit einem „wird schon wieder" beheben und umgehend lösen.

Solche Spannungsgefühle müssen ausgehalten werden, der Zwang, ständig irgendetwas Passendes sagen oder tun zu wollen, muss überwunden werden. Oft reicht es tatsächlich, einfach da zu sein. Das Schlimmste, was man machen kann, ist wohl, sich zurückzuziehen und den*die Betroffene*n mit der Spannung alleine zu lassen.

Selbstbild stärken

Belästigung funktioniert über einschneidende Mechanismen von Kontrolle und psychischer Manipulation. Belästigende arbeiten mit plötzlicher und brutaler Abwertung und Entwertung, um Kontrolle ausüben zu können. Betroffenen wird oft eingeredet, ihre Wahrnehmung sei falsch. Durch die Belästigungserfahrung wird man dazu gebracht, den eigenen Warnsignalen zu misstrauen und anderen mehr zu trauen als sich selbst. Das kann zur völligen Erosion des Selbstwerts führen und das Selbstbild massiv infrage stellen.

Gemeinsam darüber zu sprechen, wie Betroffene wirken, kann sehr guttun. Das bedeutet zum Beispiel, der Person zu versichern, dass nicht alles dahin ist (obwohl uns das die Belästiger*innen gerne glauben lassen würden), und sie darin zu unterstützen, dieses verzerrte Selbstbild wieder zu korrigieren.

Verantwortung übernehmen

Wir wissen, dass Belästigung nicht im luftleeren Raum stattfindet. Übergriffige Personen spielen mit der Öffentlichkeit und testen oft vor versammelter Runde aus, wie weit sie gehen können. Es gibt also immer Zeug*innen, Menschen, die wissen und spüren, was vor sich gegangen ist – und weggesehen haben. Wenn ein Fall publik wird, haben diese passiven Umstehenden ein schlechtes Gewissen. Die wahrscheinlich übelste Art damit umzugehen, ist, damit zu Betroffenen zu gehen und das eigene Gewissen an ihnen zu erleichtern.

Wenn ihr wisst, dass ihr euch nicht richtig verhalten habt, übernehmt die Verantwortung dafür und gebt Betroffenen keine zusätzliche emotionale Arbeit. Nehmt euer schlechtes Gewissen und überwindet es, indem ihr handelt und Betroffenen konkrete Unterstützung anbietet (und akzeptiert es, wenn sie die von eurer Seite ablehnen.)

Übergriffige Personen zur Verantwortung ziehen

Tolle Politiker*innen, Lieblingskünstler*innen, gute Freund*innen – viele Menschen wollen nicht wahrhaben, wenn sich Leute, zu denen sie aufschauen, als übergriffig herausstellen. Um diesen Konflikt aufzulösen, greifen sie tief ins Arsenal der Abwehrmechanismen: Entweder tun sie die Aussagen von Betroffenen ab oder sie spalten Handlungen einfach von der machtmissbrauchenden Person ab.
Dabei funktioniert das so natürlich nicht: Wenn eine Person in einem Bereich des Lebens ihre Macht missbraucht, lässt das

Rückschlüsse darüber zu, wie diese Person sich in jedem anderen Bereich verhalten wird, wenn sie die Möglichkeit dazu hat. Ich habe es nicht nur einmal erlebt, dass einem Belästiger trotz allem ein Persilschein ausgestellt worden ist. Dieses kritikbefreite Hochloben und die Sicherheit, dass das Umfeld ihnen den Rücken freihält, gibt Belästiger*innen erst die Möglichkeit zu übergriffigen Handlungen. Diese Konsequenzlosigkeit signalisiert Betroffenen: Du bist verhältnismäßig egal. Und liefert Menschen aus, die in Zukunft mit der Person zu tun haben werden.

Geht immer ohne Wenn und Aber

Das klingt jetzt vielleicht alles etwas komplex. Aber es gibt ein einfaches Prinzip, mit dem man arbeiten kann. Das lautet: Unterstützung rein, Belastung raus. Ist das, was ich der betroffenen Person sagen will, etwas, das ihr zusätzlich etwas auflädt und Spannung für sie erhöht? Dann weg damit. Nimmt es ihr etwas ab? Dann gerne. Bin ich mir unsicher? Dann bitte direkt nachfragen statt etwas zu vermuten.

Hier nochmal eine Zusammenfassung von Ratschlägen für den Umgang mit Betroffenen:
Mit Zuhören hat noch nie jemand etwas falsch gemacht. Niemand, der sich dir anvertraut, erwartet, dass du die Lösung aller Probleme findest. Aber du kannst da sein. Du kannst klarmachen, dass du bereit bist, zuzuhören und du kannst immer wieder die Hand ausstrecken, gerade im Wissen darum, dass es den Betroffenen umgekehrt schwerer fallen kann, Kontakt zu suchen. Du wirst wissen, wann die Sache verarbeitet oder abgeklungen ist, aber bis dahin, bleib dran.

Warum die Liebe politisch ist

Wie gesellschaftliche Machtstrukturen unsere intimsten Beziehungen prägen

ANNE-KATHRIN HEIER

Es ist ein milder Montagmorgen im April, in wenigen Stunden muss ich in Hamburg sein. Am Gleis 8 im Bahnhof Berlin Südkreuz treffe ich einen alten Bekannten. Wir haben uns lange nicht gesehen, und er hat dieselbe Fahrt gebucht. Gemeinsam steigen wir in den IC, setzen uns an einen Tisch und er fragt: „Was hast du vor in Hamburg?" – „Ich halte einen Vortrag darüber, warum die Liebe politisch ist." – Er blickt mich erstaunt an. „Aber das ist sie doch überhaupt nicht." – „Wie meinst du das?" – „Na, Liebe ist etwas zutiefst Privates, das mit Politik zum Glück nicht das Geringste zu tun hat."

Für meinen Reisebegleiter, der alle Privilegien genießt, die man so haben kann – männlich, *weiß*, cis, gebildet, gesund, gutverdienend – ist der Gedanke des Politischen in der Liebe schnell zu Ende gedacht. Er erklärt mir weiter, dass die Politik in der Liebe nichts zu suchen hätte. In dem Moment legt Simone de Beauvoir ihren Kopf auf meine Schulter und flüstert: „Die Vorstellung der Welt ist, wie die Welt selbst, das Produkt der Männer: Sie beschreiben sie von ihrem Standpunkt aus, den sie mit dem der absoluten Wahrheit gleichsetzen."

Uralte Wurzeln

Zwei Menschen verlieben sich. Ziehen in eine gemeinsame Wohnung. Bekommen ein Kind. Leben ihr privates Leben unter Ausschluss der Öffentlichkeit. Und hier kann nun alles passieren. Weil die Wände dick und die Vorhänge blickdicht sind. Als ich mit Gewalt in einer Beziehung konfrontiert war, begann ich, mich intensiv damit auseinanderzusetzen. Ich las jeden Text über Frauenhass, jedes Buch, jeden Artikel, ich machte eine Therapie, sprach mit Expert*innen, wollte verstehen, wie es sein konnte, dass ich mich derart abgewertet und machtlos, traurig und verzweifelt fühlte, während die vier Wände um mich herum langsam auf mich zukamen und es dunkler und dunkler wurde. Je mehr ich erfuhr, desto verzweifelter wurde ich. Denn Gewalt und

Misogynie sind kein oberflächliches Geschwür, das sich einfach abtragen lässt. Es sind die Produkte uralter Wurzeln, die tief in die Erde hineingewachsen sind und sich dort ausgebreitet und verhakt haben, unter dem gesamten endlosen Boden, der uns alle trägt.

Jeden zweiten Tag tötet ein Mann eine Frau

Jedes Jahr wird der Lagebericht zu häuslicher Gewalt veröffentlicht: Im Jahr 2023 wurden in der vom BKA veröffentlichten Polizeilichen Kriminalstatistik (PKS) allein in Deutschland 256.276 Opfer häuslicher Gewalt registriert. Dies entspricht einem erneuten Anstieg von 6,5 Prozent im Vergleich zum Vorjahr und einem Anstieg von 19,5 Prozent im Vergleich zu 2019. Vier von fünf Opfern von partnerschaftlicher Gewalt sind Frauen. Die Tatverdächtigen sind dagegen mit mehr als 75 Prozent überwiegend männlich. Jeden Tag versucht ein Mann, seine (Ex-) Partnerin zu töten. Jeden zweiten Tag schafft er das. Wenn ich anderen diese Zahlen nenne, gibt es kurz lange Gesichter, verbunden mit der Frage, ob ich nicht mal aufhören könne mit diesen „deprimierenden Geschichten". Deprimierende Geschichten, die jetzt gerade nebenan passieren.

Die Veröffentlichung der neuen Zahlen ist jedes Jahr ein Ereignis, bei dem das Handy der Vorsitzenden des Vereins Gewaltfrei in die Zukunft e. V. Stefanie Knaab heiß läuft, weil sämtliche Medien mit ihr sprechen wollen. Mit ihr. Und mit der Rechtsanwältin für Familienrecht und Strafrecht Christina Clemm. Und mit der Autorin und Rechtsanwältin Asha Hedayati. Und mit einigen anderen Expert*innen, die das ganze Jahr über, Tag für Tag, gegen die tiefsitzende und sich in abscheulichen Gewalttaten zeigende Misogynie kämpfen und nur am Jahrestag gegen Gewalt an Frauen ihr Gesicht in jede Kamera halten sollen.

„Gewalt und Misogynie sind kein oberflächliches Geschwür, das sich einfach abtragen lässt. Es sind die Produkte uralter Wurzeln, die tief in die Erde hineingewachsen sind und sich dort ausgebreitet und verhakt haben, unter dem gesamten endlosen Boden, der uns alle trägt."

Stefanie Knaab, die Projektleiterin und Initiatorin einer geschützten App für Betroffene von häuslicher Gewalt weiß, wie katastrophal die Lage in Deutschland ist, und sie sagte gegenüber EDITION F: „Es ist die fehlende Solidarität in der Gesellschaft, die mich schockiert – nicht mehr die Zahlen. Die steigen Jahr für Jahr an, und trotzdem wird noch immer nicht ausreichend investiert, weder in bestehende Strukturen wie Frauenhäuser und Fachberatungsstellen, noch in die Prävention." Sie frage sich, wie viele weitere Jahre mit weiteren alarmierenden Zahlen vergehen müssten, bis häusliche Gewalt als strukturelles Problem erkannt werde.

Frauen, sagt Stefanie Knaab, seien in unserer Gesellschaft einfach weniger wert. Das sei ein ganz altes Problem. „Es fängt schon im Kleinkindalter an. Im Kindergarten wird uns gesagt: Wenn ein Junge dich schlägt, dann mag er dich eigentlich. Es braucht noch 134 Jahre, bis Frauen und Männer gleichberechtigt sind, und diese Zahl wird immer wieder nach oben korrigiert. Frauen rutschen viel eher in Altersarmut ab als Männer, das sind alles Dinge, die müssen von Grund auf angepackt werden."

Warum geht die Frau denn nicht?

Wenn in Deutschland eine Frau von häuslicher Gewalt betroffen ist, dann überlegt sie sich dreimal, das nach außen zu tragen. Viel zu stigmatisiert ist dieses Thema in unserem Land. Denn es wird in solchen Fällen selten auf den Mann gezeigt. Während in den Medien sehr lange von Beziehungstaten oder -dramen die Rede war statt korrekterweise von Femiziden, lautet die erste Frage noch immer: Warum lässt sich die Frau das gefallen? Warum geht die Frau nicht? Statt zu fragen: Warum schlägt der Mann? Warum tut die Gesellschaft nichts dagegen? Und das vor dem Hintergrund, dass jede zweite Frau im Frauenhaus wegen der 14.000 fehlenden Frauenhausplätze abgelehnt wird. Dass die aktuelle Wohnungslage eine Trennung ebenso wenig zulässt wie die Angst vor weiterer Gewalt durch den Täter.

„Wir alle kennen Betroffene und wir alle kennen Täter. Die Politik und die Gesellschaft müssen adäquat handeln", fordert Stefanie Knaab. Sie fordert es schon so lange. Aber „bis in unsere Sprache hinein wird die Empfindlichkeit der Männer geschützt. Immer wieder wird die passive Form genutzt in der medialen Berichterstattung bezüglich häuslicher Gewalt. Das macht die Täter unsichtbar und rückt die Opfer in den Fokus: ‚Sie wurde vergewaltigt', ‚sie wurde ermordet', ‚sie wurde geschlagen'."

Den Frauen wird die Schuld gegeben. Aber die Frauen trifft keine Schuld. Was ist das für eine Normalität, in der wir Frauen beibringen, wie sie sich nachts im Park wehren können, statt Jungen im Kindesalter beizubringen, dass sie Frauen nicht schlagen oder vergewaltigen. Stefanie Knaab sagt: „Das ist das Kernproblem. Es gibt kein Solidaritätsgefühl mit Frauen, die oft auch als schwach angesehen werden, weil sie Opfer von Gewalt wurden."

Begriff von Liebe in der Gesellschaft

Aber kommen wir zurück zur Liebe. Was ist die Liebe in unserer Gesellschaft? Und welchen Stellenwert hat sie?

bell hooks (1952–2021) war eine US-amerikanische Hochschullehrerin, Literaturwissenschaftlerin und Autorin – und eine Verfechterin intersektionaler, feministischer, antirassistischer und kapitalismuskritischer Ansätze. Der Titel eines ihrer großen Werke lautet „Alles über Liebe", und die Kernaussage darin ist: Lieben ist politisch. In deutscher Übersetzung kam das Buch erst zehn Jahre nach der Originalveröffentlichung heraus. Es ist eine Mischung aus erzählendem Sachbuch, akademischem Essay und energischer Meditation.

Was wir für Liebe halten, sagt bell hooks in diesem Text, sei oft nur das Ableisten gesellschaftlicher Rollenerwartung. Care-Arbeit und Abhängigkeit werden als Liebe missverstanden. Die wahre Liebe sollte doch darauf abzielen, sowohl die eigene Freiheit als auch die des*der Partner*in zu fördern und beide in ihrer persönlichen Entwicklung zu unterstützen. Die patriarchale Ordnung aber begünstige eher gegenseitige Kontrolle und Machtausübung, schreibt bell hooks.

Die romantische Liebe soll für alle erstrebenswert sein. Darauf arbeiten unser Umfeld, unsere Umgebung, unsere Gesellschaft hin. Und natürlich wünschen sich wohl die meisten von uns irgendwie Nähe, Kompliz*innenschaft, Verbundenheit. Aber ist es wirklich dieses heruntergebrochene ziemlich enge Format einer romantisch monogamen Beziehung, die jede*r von uns so dringend braucht, um glücklich zu sein?

Vielfalt der Bedürfnisse

Die Journalistin und Autorin Şeyda Kurt ersetzt den Begriff der Liebe durch den der Zärtlichkeit. In ihrem Buch „Radikale Zärtlichkeit" schreibt sie: „Ich glaube nicht an eine Sehnsucht nach romantischer Liebe, die per se männlich oder weiblich ist. Ich glaube an eine Vielfalt der Bedürfnisse und Zärtlichkeiten, die unterdrückt und vereinheitlicht werden." Sie ruft die Corona-Krise und alles, was mit ihr zum Vorschein kam, in Erinnerung. Mit der Pandemie explodierte die häusliche Gewalt in privaten Räumen. Queere Menschen kritisierten die Kontaktbeschränkungen: Was bedeute denn „engster Familienkreis"? „Blutsverwandtschaft"? Und was ist mit den Menschen, die in Freund*innen eine Ersatzfamilie gefunden hatten? Welchen Wert hat Freundschaft als Gegenentwurf zur auf ein Podest gehobenen Kleinfamilie, die für sehr viele Menschen so gefährlich ist?

Da ist auf der einen Seite dieses vermeintlich sichere Zuhause der Kernfamilie mit Geld, Ruhe und Zeit, Vater-Mutter-Kind spielen Mensch-ärgere-dich-nicht, bis es dem Virus zu blöd wird und es sich von selbst verabschiedet. Aber vor allem zeigt sie auf den riesigen Raum daneben: den Raum außerhalb der Norm. Den queeren Raum, den marginalisierten Raum, den Raum, in dem Menschen mit geringem Einkommen leben, Alleinerziehende, Menschen mit Behinderung. Das System bricht deshalb nicht zusammen, weil es auf Ungerechtigkeit, auf Ungleichheiten beruht. Weil die einen Privilegien haben, und die anderen nicht.

Hat sie keinen Freund?

Mit welcher Vorstellung von Liebe sind wir aufgewachsen? Ich selbst war das, was die anderen „Spätzünder" nannten. Die Pubertät habe ich mit einer ausgeprägten Essstörung verbracht. Mein Vater fragte: „Was ist mir ihr los? Hat sie keinen Freund?" Mich setzte in dieser Zeit alles unter Druck. Und ich weiß noch, wie erleichtert alle waren, als ich dann zum ersten Mal jemanden mit nach Hause brachte und „meinen neuen Freund" vorstellte.

„Mein Vater fragte: ‚Was ist mir ihr los? Hat sie keinen Freund?' Mich setzte in dieser Zeit alles unter Druck."

Er mochte mich. Und ich wollte diesen Druck loswerden; diese Vorstellung, dass ich nur wertvoll bin, wenn ich mit einem Mann Hand in Hand durch die oberbayerische Kleinstadt spazierte.

Dann kam das Studium, alles drehte sich ums Schreiben, ich war die erste in der Familie, die eine Uni von innen sah. Und alles war gut. Bis ich mit Ende 20 heiratete.

Im Standesamt waren nur wir zwei – und eine Standesbeamtin. Und als sie ihren Text aufsagte, hatte ich die Erwartung, ich müsste jetzt in Tränen ausbrechen, weil das in Filmen und Büchern doch immer alle tun. In guten wie in schlechten Zeiten, bis dass der Tod uns scheidet. Stattdessen bekam ich einen Lachanfall. Ich konnte den Lachkrampf nicht zurückhalten. Es war so surreal, als hätte ich mich auf eine Buchseite verirrt oder auf eine Kinoleinwand. Ich stand vollkommen neben mir. Fühlte das alles nicht. Und gleichzeitig schnürte mir etwas den Hals zu: Sie dürfen die Braut jetzt küssen.

Das Ende der Ehe

Die Politologin und Sachbuchautorin Emilia Roig schreibt in ihrem Buch „Das Ende der Ehe" davon, dass Ehe und Kinder für sie niemals Optionen waren, sondern „unentbehrliche Etappen, ohne die eine Frau kein erfülltes, wahrhaft glückliches Leben haben kann. Ich lernte, Liebe mit Männern zu assoziieren und die Verbindung als Voraussetzung für Kinder zu betrachten. Ich lernte auch, dass mein Wert als Frau davon abhängig sein würde, ob ich einen Mann und Kinder habe – und dass ich ohne beides unvollständig wäre."

Ich spürte, dass dieses Heiraten etwas war, das nicht von mir kam. Es fühlte sich an wie eine fremde Idee. Und ich hatte schon damals so eine Ahnung, dass es diese Idee nicht ohne Grund gab. Wem bringt diese Institution etwas? Wer profitiert davon? Wer zieht einen Nutzen aus dem Korsett der per Gesetz manifestierten Beziehung zwischen Mann und Frau, monogam und lebenslänglich?

Gleichberechtigung ist mit der gesetzlichen Verankerung in unserer Realität noch lange nicht umgesetzt. Es ist überhaupt nicht einfach, heute für Gleichberechtigung zu kämpfen, weil das Patriarchat viel unterschwelliger daherkommt. Es passiert im Kleinen. Ich sehe mich selber als emanzipiert, selbstständig, aufgeklärt. Also erzähle ich nichts über die Schwierigkeiten oder mein so empfundenes Versagen in einer Beziehung, denn das würde dieses Bild – emanzipiert, selbstständig, aufgeklärt – ins Wanken bringen, es würde mich mitsamt dem langen Weg, den ich zurückgelegt habe, in Frage stellen. bell hooks beschreibt das so: „Es ist klar, dass wir ein System nicht abschaffen können, solange wir seine Auswirkungen auf unser Leben kollektiv leugnen. Eine Möglichkeit, die patriarchale Kultur aufrechtzuerhalten, besteht darin, Personen daran zu hindern, die Wahrheit darüber zu sagen, was ihnen in der Familie widerfährt."

Hierarchisierende Muster

Betroffene von häuslicher Gewalt leben zwei Leben. Eines innerhalb der vier Wände. Eines außerhalb der vier Wände. Die Gewalt nimmt uns die Lebensqualität, nimmt uns das Selbstbewusstsein. Die Fassade hält, solange sie von innen oder von außen nicht eingetreten wird.

Şeyda Kurt sagt in „Radikale Zärtlichkeit", dass wir in einer Welt leben, in der mächtige Institutionen, Gesetze und unser aller Wissen dafür sorgen, bestimmte Wahrheiten aufrechtzuerhalten. Auch die Wahrheiten der Liebe. Es sind über unsere Körper herrschende Wahrheiten. Hierarchisierende Muster, die sich in die Textur unseres Denkens und Fühlens eingefressen haben. Eine der gefährlichsten Wahrheiten ist die, dass unser Verhältnis zu uns selbst oder zu anderen Menschen nicht politisch sei. Dass es eine Privatangelegenheit sei.

Oft wurde mir von älteren Generationen die Frage gestellt, wie es um meine „Ehe" steht. Aus dieser Frage erhebt sich die „Ehe" wie eine dritte Person empor, eine Person, die mir sehr fremd ist, mit der ich keine Berührungspunkte habe. Emilia Roig schreibt in ihrem Buch: „Wir brauchen eine MeToo-Bewegung für intime Beziehungen, damit Frauen frei und ehrlich über die Liebe und ihre Schwierigkeiten sprechen können. Wir müssen die Einsamkeit brechen."

Aktuell erleben wir das Gegenteil. Wie so oft, wenn bestimmte emanzipatorische Schritte erreicht wurden, erfasst uns mit der stetigen Orientierung nach rechts, weiter rechts und extrem rechts auch ein Antifeminismus, der mit der Forderung nach „der Rückkehr der echten Männer" einhergeht.

Verantwortung tragen

Und jetzt? – „Eine Erweckung der Liebe kann nur stattfinden, wenn wir uns von den Vorstellungen von Macht und Dominanz lossagen, von denen wir förmlich besessen sind", schreibt bell hooks. Und hier beginnt das Umdenken in den Köpfen. Wir brauchen eine neue Sicht auf Liebe und Beziehungen. Die vier Wände, die in einer gewaltvollen Beziehung auch auf mich zukamen, müssen eingerissen werden. Die Hermetik der Kleinfamilie ist das, was Menschen in Gefahr bringt und die Zahlen in Höhen katapultiert, die einmal im Jahr eine kollektive Betroffenheit auslösen. Wir müssen uns mit diesen Zahlen echt und ernsthaft auseinandersetzen und uns fragen, welch enormer Verantwortung wir als Gesellschaft da verdammt noch mal nicht nachkommen. Lasst uns jetzt gemeinsam die vier Wände, die die hochgelobte und vermeintlich alternativlose Kleinfamilie erstickt, zusammen einreißen. Familie kann aus Freund*innen, Nachbar*innen, nahestehenden Menschen bestehen, die durch offene Türen kommen und sehen und hören, wenn etwas nicht in Ordnung ist. Das Einreißen der unnötigen Fassade rettet Menschenleben.

Frauenhass ist nicht verhandelbar!

Wir müssen uns offen austauschen. Wir müssen reden. Wir müssen uns zuhören. Wir müssen uns glauben. Und gemeinsam an der Veränderung arbeiten.

An die Männer: Es ist toll, dass sich vereinzelt Männer kritisch mit sich selbst und ihrer von klein auf ansozialisierten Gewalt auseinandersetzen. Sie sollten das aber auch tun, ohne auf einer Bühne dafür beklatscht zu werden. Und zwar alle. Und zwar ständig.

An die Medien: Nein, Frauenhass und Gewalt gegen Frauen sind nicht verhandelbar. Es ist nicht richtig, in einem Fernsehformat für junge Menschen die Frage zu stellen, ob die „Männer von heute zu weich" geworden seien. Es ist inakzeptabel, dafür offen frauenfeindliche Männer einzuladen, die Andrew Tate hypen, und ihnen unter dem Deckmantel der Meinungsfreiheit jede Menge Redezeit einzuräumen. Währenddessen soll mit progressiven Gäst*innen, die sich schlichtweg für Gleichberechtigung einsetzen, ein „Kompromiss" gefunden werden? Das ist nicht nur falsch, das ist erschreckend, denn es fördert den antifeministischen Backlash, der uns um Jahrzehnte zurückwirft.

Den ersten Absatz im Buch „Gegen Frauenhass" von Christina Clemm stelle ich an das Ende dieses Textes: „Würden wir am Ende eines Jahres eine Schweigeminute für jede in Deutschland von ihrem Partner ermordete Frau halten, schwiegen wir über zwei Stunden. Gedächten wir aller Frauen, die einen Tötungsversuch überlebt haben, wären es sechs Stunden. Und würden wir für jede frauenverachtende Tat, jede erlittene Körperverletzung, Bedrohung, Beleidigung, Herabwürdigung, sexualisierte Nötigung und Belästigung den Mund halten, könnten wir das Reden langfristig einstellen. Aber Schweigen hilft nicht."

Verbinden
statt spalten

Autoritären Erzählungen
etwas entgegensetzen

GILDA SAHEBI

Ich war in den vergangenen Wochen viel in Deutschland unterwegs: Lesungen, Veranstaltungen, Vorträge. Eines ist mir besonders in Erinnerung geblieben: Wie viele Menschen es in diesem Land gibt, die sich dafür einsetzen, Menschen zusammenzubringen, anstatt sie auseinanderzutreiben. Die sich in ihrer Gemeinde, in ihrer Stadt engagieren, sich um benachteiligte Gruppen kümmern, sich für Frauenrechte einsetzen, die diskutieren und zuhören. Und jedes Mal, wenn ich diese Menschen kennenlerne, denke ich mir: Was für ein Kontrast zu den Debatten, die wir in Deutschland führen und zur Politik, die gemacht wird.

Denn hier scheint nicht viel zusammenzukommen. Auf der politischen und medialen Ebene wird zurzeit hektisch analysiert, warum eine Kraft wie die AfD immer stärker zu werden scheint. Bei der Europawahl im Juni 2024 landete die menschenfeindliche Partei nach CDU/CSU auf dem zweiten Platz. Ob früher oder später – die AfD wird zuerst auf Landesebene und irgendwann auch auf Bundesebene nach der Regierungsmacht greifen. Das Ergebnis der AfD sei „viel zu hoch", schrieb der bayerische Ministerpräsident Markus Söder nach der Europawahl. Eine Erklärung lieferte er gleich mit: „Der Grund ist die Migrationspolitik der Ampel."

„Eine ganze Gesellschaft wird in verschiedene ‚Lager' geteilt, die je nach Perspektive ‚gut' oder ‚böse' sind. Dieses Narrativ ist in unseren politischen und gesellschaftlichen Debatten allgegenwärtig."

Der CSU-Politiker vertritt damit keine Einzelmeinung. Politiker*innen aller Parteien erklären den Erfolg der AfD in Deutschland mit einem „linken" oder „woken" Zeitgeist, mit dem Heizungsgesetz oder der Migration. Schuld sind, natürlich, immer die anderen. Diese Erzählung funktioniert aus demselben Grund gut, der auch die AfD stark macht: die Spaltung von Menschen aufgrund verschiedener Projektionen. Eine ganze Gesellschaft wird so in verschiedene „Lager" geteilt, die je nach Perspektive „gut" oder „böse" sind.

Dieses Narrativ ist in unseren politischen und gesellschaftlichen Debatten allgegenwärtig. Natürlich wird es nur selten explizit ausgesprochen. Es wird umschrieben, es werden scheinbar „vernünftige" Gründe gesucht, die eine derartige Erzählung rechtfertigen. Ein Beispiel, bei dem das besonders deutlich wird: Debatten um Sozialleistungen. Da heißt es oft, dass Erleichterungen für Menschen, die keiner Erwerbsarbeit nachgehen – weniger Sanktionen, höhere Sätze – ein „Schlag ins Gesicht" jener seien, die arbeiteten. Die „Ehrlichen" seien die „Dummen", so drückte es eine Unternehmerin einmal aus.

Schuld sind immer die anderen

Nun mögen solche Aussagen auf den ersten Blick logisch erscheinen.

„Das ist doch unfair!", könnte man meinen.

Man muss sich allerdings auch klarmachen, was hinter dieser Erzählung steckt: nämlich die Aufteilung von Menschen in konstruierte Gruppen. Hier die „Ehrlichen", dort die „Unehrlichen". Hier die „Fleißigen", dort die „Faulen". Hier die, die „leisten", und dort die, die „nicht leisten". Daraus wird geschlussfolgert: Wenn es anderen besser geht, geht es mir schlechter. Oder: Erst, wenn es den „Faulen", den „Bösen", schlechter geht, geht es mir besser. Das ist eine bizarre Erzählung. Und sie ist nicht wahr. Man könnte auch sagen: Wenn es einem Menschen in der Gesellschaft besser geht, geht es der ganzen Gesellschaft besser. Stattdessen wird das gesamte Wesen von Menschen auf eine einzige Identität reduziert.

Zum Beispiel bei den Debatten über Antisemitismus nach dem 7. Oktober 2023, dem terroristischen Angriff der Hamas auf Israel, bei dem mehr als 1200 meist jüdische Menschen auf grausamste Art und Weise ermordet wurden. Es wäre eine Zeit gewesen, in der es besonders wichtig gewesen wäre, Menschen zusammenzubringen. Stattdessen erklärten Politiker wie Robert Habeck oder Frank-Walter Steinmeier allen Muslim*innen in Deutschland, sie müssten sich von der Hamas distanzieren. CDU-Politiker forderten, Menschen mit doppelter Staatsangehörigkeit den deutschen Pass zu entziehen, wenn sie antisemitische Straftaten begehen. Anstatt antisemitische Denkmuster zu bekämpfen, wird bis heute Millionen von Muslim*innen und eingewanderten Menschen attestiert, dass sie kein gleichwertiger Teil der Gesellschaft sind. Sie werden als „böse" markiert. Nie explizit, immer implizit.

Derweil malen Menschen Hamas-Dreiecke an Universitätswände und rufen zur Gewalt gegen Jüdinnen und Juden auf – und glauben, damit Palästinenser*innen zu helfen oder sogar antirassistisch zu sein. Anstatt gegen einen brutalen Krieg mit Zehntausenden Toten in Gaza zu demonstrieren, projizieren sie ihren Hass ausgerechnet wiederum auf eine marginalisierte Gruppe, nämlich Jüdinnen und Juden. Diese Menschen sind überzeugt davon, recht zu haben und für die „gute" Sache zu kämpfen. Und fallen doch nur auf menschenfeindliche, antisemitische Erzählungen herein. Wenn Minderheiten gegeneinander ausgespielt werden, stärkt dies autoritäre Narrative. Es erlaubt eine gewaltvolle Politik der Ausgrenzung, der Abschiebung und Trennung.

Das Primat der Narrative

Geschichten der Spaltung haben historisch gesehen immer gut funktioniert. Und sind immer wieder Motor für den Aufstieg autoritärer und radikaler Kräfte. Auch nach dem mutmaßlich islamistischen Anschlag in Mannheim im Juni 2024 erlangten die immer gleichen Narrative rasch die Oberhand. Ein Afghane hatte eine Gruppe von Menschen angegriffen und einen Polizisten schwer verletzt. Der 29-jährige Polizist Rouven Laur starb kurze

Zeit später. Es ist wichtig, dass es viel Anteilnahme gab; die Familie des Verstorbenen bedankte sich dafür in einem Brief, der auf der Trauerfeier verlesen wurde. In diesem Brief schrieben sie außerdem: „Rouven hätte nicht gewollt, dass wir uns von Hass und Wut überwältigen lassen." Es ist beeindruckend und berührend, dass Menschen in ihrem tiefsten Schmerz zu solch einer emotionalen Großzügigkeit in der Lage sind.

„Geschichten der Spaltung haben historisch gesehen immer gut funktioniert. Und sind immer wieder Motor für den Aufstieg autoritärer und radikaler Kräfte."

Das hielt andere aber nicht davon ab, den Tod des jungen Mannes für die eigenen Narrative zu nutzen. Die AfD rief zu Demonstrationen auf, markierte „die Afghanen", „die Geflüchteten" und „die Eingewanderten" als „böse". Es dauerte nicht lange, bis demokratische Politiker*innen sich dieses Narrativ zu eigen machten. Sofort wurde die Abschiebung von Straftäter*innen nach Afghanistan und Syrien gefordert, unter anderem von Bundeskanzler Olaf Scholz. Dass es aller Wahrscheinlichkeit nach kontraproduktiv für die Sicherheitslage wäre, wenn Islamist*innen mit guten Kenntnissen über Deutschland in einem anderen Land frei herumlaufen, statt in einem Gefängnis in Deutschland zu sitzen, soll hier gar nicht thematisiert werden. Es gilt das Primat der Narrative: Erzählungen schlagen Fakten. Und die Erzählung von den „schlechten", „faulen" und „bösen" „Ausländern" ist in Deutschland sehr mächtig. Das Individuum spielt, wieder einmal, keine Rolle.

All das geschieht nicht im luftleeren Raum. Gewalt gegen Jüdinnen und Juden hat signifikant zugenommen. Gewalt gegen Geflüchtete hat signifikant zugenommen. Gewalt gegen Politiker*innen und Engagierte hat zugenommen. All das ist das Ergebnis von Mauern, die gebaut werden. Die Menschen voneinander trennen sollen – nach Leistung, nach Ethnie, nach Religion, nach politischer Einstellung. Diese Erzählungen schaden

allen. Auch den vielen Menschen, die sich gegen menschenfeindliche Erzählungen engagieren. Autoritäre Kräfte sind die
einzigen, die in dieser Situation zufrieden sind.
Es gibt keine einfache Antwort darauf, wie diese Erzählungen
verändert werden können. Erzählungen zu verändern, ist ein
Prozess. Der erste und wichtigste Schritt: Die Erzählungen zu
erkennen. Dann kann man sich an die Arbeit machen, sie zu
verändern. Es gibt in jeder Gesellschaft genügend Menschen,
die diesen Weg gehen möchten. Die wissen, dass Menschen
mehr verbindet, als sie trennt. Der Weg ist nicht einfach. Aber es
könnte sich lohnen, ihn zu gehen.

Angekommen, um zu bleiben?

Wie der 7. Oktober mein Selbstverständnis als Frau, Mutter und Jüdin nachhaltig veränderte

LINDA RACHEL SABIERS

Mit 40 sei man als Frau angekommen. Das höre und lese ich immer öfter, seitdem mein 40. Geburtstag näher rückt. Und selbst wenn man diese Erkenntnis als Küchenpsychologie abstempeln müsste, fühle ich mich angesprochen. Mein Wertekanon, mein Selbstwertgefühl und die Entscheidungen, die mein Mann und ich für die Erziehung unserer Tochter treffen, fühlen sich ehrlich, intuitiv und richtig an. Als Mutter und Frau bin ich daher so „angekommen" wie nie zuvor. Auch wenn ich weiß, dass das Leben eine einzige Reise aus lernen und wachsen ist. Ein großer Teil meiner Identität jedoch, der mehr Arbeit beim Entfalten und Finden brauchte als die anderen, wurde am 7. Oktober 2023 um Meilen zurückgeworfen: ich, die Jüdin.

Das Massaker der Hamas war nicht nur eine Zäsur für Israels Existenzrecht und das Recht der Palästinenser*innen auf einen eigenen Staat. Die Stellvertreterkriege in den Sozialen Medien, innerhalb der feministischen Blase und in jeder Großstadt rund um den Globus teilen jüdisches Leben in der Diaspora in ein „davor" und „danach". Als Nachfahrin deutscher Juden, denen kurz vor dem sicheren Tod die Flucht ins Exil gelang, musste ich lange Zeit an (m)einem Selbstverständnis als jüdische Deutsche arbeiten. Meine Urgroßeltern kehrten nach der Shoa aus purem Heimweh in ihre deutsche Heimat zurück. Mit welchem Recht hätte ich mich daher in Deutschland nicht zugehörig fühlen dürfen? Trotz des Antisemitismus von rechts und, leider, von links; trotz des Israelhasses und trotz eines Erstarken der AfD und der Wahlergebnisse, die während der Europawahl am 9. Juni 2024 wieder einmal bewiesen haben, wie fragil unsere Demokratie ist.

Angekommen, um zu bleiben

Ich hatte das große Glück, als Jüdin praktisch immer von Menschen umgeben zu sein, die mich in meinem innerlichen Ankommen bestärkten. Denn, und hiermit können sich wahrscheinlich die meisten Angehörigen einer marginalisierten Gruppe identifizieren: In Deutschland geboren zu sein, heißt für Jüdinnen und Juden nicht, sich hier zu Hause zu fühlen. Wenn man dieses Gefühl des Sich-zuhause-fühlens in Deutschland erleben möchte, muss man es erlernen. Über Ausgrenzung, Diskriminierung und sämtliches emotionales Gepäck hinweg, das in jüdischer Literatur und jüdischen Publikationen oft als „gepackte Koffer" bezeichnet wird.

Ein Leben im Hier und Jetzt ist nur wenigen Menschen vorbehalten. Jüdisches Leben in Deutschland ist immer auch ein Leben wie ein Bedingungssatz: Wenn …, dann …: „Wenn die Nazis wieder an die Macht kommen, dann …" ist ein Gedankenspiel, mit dem auch ich groß geworden bin. Als emanzipierte Frau und Jüdin habe ich mich jedoch immer bewusst von dieser Lebensart distanziert und Menschen bemitleidet, die es nicht geschafft haben, anzukommen. Wie kann man ein Leben aus dem Koffer und im Konjunktiv führen? Was wäre, wenn? Wo würden wir hingehen? Ich wollte nicht unter Fragen leben, sondern mit Antworten. Und für mich lautete die wichtigste Antwort: Ich bin angekommen, um zu bleiben.

„Ein Leben im Hier und Jetzt ist nur wenigen Menschen vorbehalten. Jüdisches Leben in Deutschland ist immer auch ein Leben wie ein Bedingungssatz: Wenn …, dann …"

Den Koffer als Option zu sehen, fühlt sich wie Selbstbetrug an

Nach Angaben der Recherche- und Informationsstelle Antisemitismus haben sich antisemitische Vorfälle alleine in NRW im Jahr 2023 mehr als verdoppelt. 65 Prozent der insgesamt 664 antisemitischen Vorfälle seien seit dem 7. Oktober 2023 erfasst worden. Und das sind nur die Attacken, die gemeldet wurden. Aber eigentlich brauche ich keine Statistik, um diesen „Trend" bestätigen zu können. Die Hamas hat am 7. Oktober ein seit der Shoa beispielloses Massaker begangen, das insofern einzigartig ist, als es zahlreiche von der Terrororganisation veröffentlichte

Videos und Fotos gibt – Material, das bewusst gezeigt wurde. Psychologische Kriegsführung und sexualisierte Gewalt, die israelisches und jüdisches Leben außerhalb Israels in die Knie zwingen sollten. Und das hat die Hamas erreicht: auch, was ihre Hass-Kampagne betrifft. Jüdinnen und Juden haben ihre seit jeher griffbereiten Koffer wieder im Auge und überlegen, wo es hingehen soll. Und ich? Ich muss akzeptieren, dass auch mein mentaler Koffer eine Option sein muss. Es fühlt sich wie Selbstbetrug an.

Wieso können wir uns als Gesellschaft nicht darauf einigen, dass mehrere Wahrheiten gleichzeitig nebeneinander existieren können? Israels rechtsnationale Regierung ist ein Hindernis für den Frieden zwischen Israel und den Palästinenser*innen. Die Hamas ist eine Terrororganisation, die jüdisches Leben (und übrigens auch LGBTQIA+ und alles, was „westlich" ist) auslöschen möchte. Palästinenser*innen verdienen einen eigenen Staat, in Koexistenz zu Israel. Der Krieg muss enden, alle Geiseln müssen befreit werden.

Stattdessen müssen wir alle live verfolgen, wie der 7. Oktober zum Ventil für lange gehegten und gepflegten Israel- und Judenhass wurde. Jüdische Studierende werden tyrannisiert und ausgegrenzt, jüdische Geschäfte – auch in Deutschland – schließen, es wird immer schwieriger für Jüdinnen und Juden, sich offen erkennbar zu zeigen. Und das nicht nur in Gegenwart von gewaltbereiten Rechtsextremen und Islamist*innen. Kultur, Mode, Musik, Wissenschaft, Soziale Medien – die Safer Spaces für Menschen wie mich schrumpfen auf ein Minimum und führen dazu, dass wir uns innerlich ghettoisieren (müssen).

Me Too, Unless You're A Jew, Believe All (Israeli) Women

Der Kriegsschauplatz auf Instagram und TikTok kommt natürlich nicht ohne plakative Aussagen aus. Als Gegenreaktion auf die ohrenbetäubende Stille der Feminist*innen und die auch mich fassungslos machende Leugnung der von der Hamas ausgeübten Gewalt gegen israelische Frauen, wurden jüdische Aktivist*innen immer lauter. Während ich mich anfangs zurückhielt, was das Teilen dieser Accounts angeht, bin ich heute wesentlich forscher. Aus Wut und Enttäuschung über den fehlenden Rückhalt von der Gemeinschaft des intersektionalen Feminismus. Das betrifft auch viele Frauen, die ich innerhalb der letzten 15 Jahre in Berlin kennenlernte. Frauen, von denen ich immer glaubte, dass sie für die körperliche Unversehrtheit aller Frauen kämpfen würden und die Ziele einer islamistischen Terrororganisation erkennen, wenn sie ihnen vor die Nase gehalten werden.

Dabei sollte der Kampf gegen antidemokratische Werte, wie sie die AfD und ihre rechtsradikalen Bruderparteien in Europa vertreten, und gegen frauenfeindlichen Extremismus Frauen miteinander verbünden – nicht entzweien. Solidarität mit Frauen und Kindern in Gaza kann neben uneingeschränkter Solidarität mit weiblichen israelischen Geiseln existieren. Nein, sie muss. Ich möchte hier keine moralischen Abstriche mehr machen. In unserer nach wie vor von Männern dominierten Welt brauchen wir Frauen Allys – auch jüdische Frauen. Und diese vermisse ich mehr denn je.

Wenn die Empathie unter Müttern fehlt, ist es an der Zeit, die Koffer zu packen

In gewisser Weise hatte ich mich damit abgefunden und meinen Rückhalt in einer Gemeinschaft gefunden, in der ich mich weder als Aktivistin noch als Jüdin identifizieren muss: den Müttern. Unter Müttern fühle ich mich trotz der Oktobermüdigkeit verstanden und gleichgesinnt. Unsere Kinder nehmen so viel Raum ein, dass wir kaum Zeit haben, über andere Dinge wie finanzielle Unsicherheit und Antisemitismus nachzudenken. Unter uns gibt es keine Koffer. Ich kann ich sein, mit all meinen Facetten, Sorgen und Hoffnungen. Dass es auch hier Ausnahmen gibt, möchte ich anhand einer kurzen Anekdote erzählen, die mich seitdem beschäftigt:

Meine Tochter schaukelt und ich frage sie, ob sie den Mond bereits sehen kann. Das ist unser Spiel. Raketenstart, Düsenantrieb, den Mond suchen. Ihr Lachen ist hell und erfüllt mein Herz wie kein anderer Ton dieser Welt. Als sie nach den Sternen und der Milchstraße greifen möchte, dabei ihre kleinen Hände von der Halterung der Babyschaukel löst, möchte ich mit ihr reisen. Einfach, um in diesem Moment, in dieser Zeit, nicht zu sein, wo ich bin. Mein Körper ist ein einziger Muskelkater. Trauer, Angst und Mitgefühl als Dauerzustand. Und mittendrin dieses Kind, dem ich die Welt zu Füßen legen möchte und nicht mehr weiß, wo und wie das überhaupt möglich ist. Zum ersten Mal in meinem Leben fühle ich mich entwurzelt. Neben uns steht eine Mutter aus unserer Nachbarschaft, ihre Tochter spielt im Sandkasten. Wir haben uns schon viele Male unterhalten und über das Mutterdasein ausgetauscht. Sie weiß auch, dass ich Jüdin bin.

„Hallo, wie geht's euch?", möchte sie wissen. Ich seufze, denke, dass ich mich nicht verstellen muss, und antworte: „Eigentlich ganz gut. Aber, du weißt ja, die ganze Situation ist schon sehr belastend. Ich mache mir ehrlicherweise Sorgen um die Zukunft meiner Tochter." Regungslos steht sie da, schaut mich nicht an, und entgegnet mit Dingen wie „Springerpresse, ungenaue Zahlen, Antimuslimismus und Kolonialismus".

Da ich mich schnell aus dem Gespräch dissoziiert hatte, kann ich ihr Gesagtes nicht realitätsgetreu wiedergeben. Was bei mir bleibt, ist die Erkenntnis, dass kein Raum wirklich sicher ist, wenn ich meine gesamte Identität preisgebe. Wenn ich mich nicht nur als Frau und Mutter, sondern auch als Jüdin verletzlich und angreifbar zeige. Und da ist er wieder, der Koffer.

„Nimmst du mich mit, wenn die Nazis gewinnen?"

Mein Mann ist Schweizer. Und die Schweiz ist unter Jüdinnen und Juden ein wahres Trigger-Thema – nicht (nur) aufgrund des Nazi-Raubgolds, sondern vor allem wegen der Tatsache, dass sie am 13. August 1942 die Grenzen für Verfolgte schloss. „Jackpot!", dachte ich mir, an den musst du dich halten. „Nimmst du mich mit, wenn die Nazis an die Macht kommen?", fragte ich ihn lachend bei unserem zweiten Date. Er lächelte irritiert zurück und sagte: „Äh, na klar!". Das war einige Jahre vor dem Erstarken der AfD, vor ihren Wahlerfolgen im gesamten deutschen Osten, vor dem 7. Oktober und dem aufflammenden Antisemitismus. Mein Koffer lag weiterhin verstaubt an einem fernen Ort in meiner Seele – nicht gepackt und fest verschlossen.

Heute sind wir verheiratet, haben ein gemeinsames Kind – und er ist jetzt Ehemann und Vater von jüdischen Frauen. „Übrigens", sagte er vor Kurzem beim Kochen, „ich nehme euch wirklich mit!". Und das ist gut zu wissen – auch wenn das Hier und Jetzt noch halbwegs erträglich ist.

Tokenism und Colorism

Wieso sehen in der Werbung jetzt alle aus wie ich?

GIZEM EZA

„Das fühlt sich nicht gut an", denke ich mir, als ich an ein und demselben Tag schon das zehnte Mal ein Werbeplakat sehe, auf dem eine Frau abgebildet ist, die meine Schwester sein könnte. Die ich sein könnte. Sie trägt einen blauen Bikini, ihre braunen, voluminösen Haare wehen im Wind, während sie freundlich in die Kamera lächelt. Ich warte auf die U7, mein Herz klopft immer lauter und das liegt zur Abwechslung mal nicht an dem Chaos im Berliner U-Bahnhof.

Ich bleibe lange vor diesem Plakat stehen, fotografiere es ab, um es einer Freundin zu schicken. „Wieso sehen jetzt eigentlich alle Models aus wie ich? Bin ich ein Trend?", frage ich sie und denke darüber nach, was diese Werbung und all die anderen Bilder, die ich in letzter Zeit in Print, TV und Social Media sehe, in mir eigentlich auslösen. Es ist auffällig, wie sehr die Werbung schon eine Weile auf Schwarze, mixed oder zumindest light-skinned, normschlanke, weiblich gelesene Personen mit großen Augen und definierten Locken setzt. Nach dem Motto: Wir können das voll gut mit der Diversität! Hier, wie gefällt euch unsere Vorzeige-Schwarze?

Und wisst ihr, was mich daran besonders wütend macht? Dass die Models nicht „zu Schwarz" sind. Locken haben, aber keine krausen Haare. Dunklere Haut haben, aber nicht „zu dunkel". Ihre Features sind halt noch genau so, dass sie nicht „zu krass" für das deutsche Publikum sind. Colorism at its best. Dann noch eine Brise Tokenism und der Diversitätsstempel sitzt. Alle mitgedacht. Oder?

Ein tolles Trio

Seit meinem 17. Lebensjahr stehe ich als Werbemodel vor der Kamera. Immer mal wieder habe ich für kleine und auch größere Kampagnen gemodelt. Die Arbeit machte mir meistens Spaß, aber oft hatte ich dabei das Gefühl, „die freundliche Schwarze mit den schönen Locken" zu spielen. Manchmal stand ich im Mittelpunkt. Manchmal wurde ich aber auch als das sogenannte

„side chick", die beste Freundin des Hauptmodels, gebucht. In dem Fall fand ich sehr oft entweder eine asiatisch gelesene Person oder eine rothaarige Frau an meiner Seite.

Ich stelle mir die Marketingabteilung der Werbekund*innen dabei vor, wie sie an einem langen Tisch sitzen: „Hmm, also eine Schwarze haben wir, jetzt noch eine Asiatin und ja …, was fehlt denn noch? Ah genau, eine Rothaarige, dann sind wir ‚bunt' genug. Das ist doch ein tolles Trio." Ungelogen fallen mir gerade auf Anhieb fünf Shootings ein, bei denen ich Teil dieses Trios war. Das ist so absurd, dass ich lachen muss. In all den Jahren habe ich nur ein einziges Mal mit einer dark-skinned Schwarzen Person geshootet, nie stand ich zum Beispiel gemeinsam mit einer muslimisch oder queer gelesenen Person vor der Kamera.

Versteht mich nicht falsch – es ist ja gut, wenn sich etwas bewegt. Und mit Anfang 20 hätte ich mich gefreut, weil es nur wenige Jobs in der Werbung für Menschen gab, die aussehen wie ich. Jetzt ist das anders. Obwohl ich mit 35 schon relativ alt für die Branche bin, erhalte ich mittlerweile mehr Castinganfragen als in den Anfängen meiner Karriere. Den letzten Werbemodel-Job habe ich vor fast zwei Jahren angenommen, und ich weiß, dass es nicht viel mehr werden, da ich auf die meisten Angebote gar keine Lust mehr habe.

In der Werbung stark unterrepräsentiert

Ich habe türkisch-ghanaische Wurzeln. Weder meine türkische Mama noch meine dark-skinned Schwarzen ghanaischen Freund*innen werden in der Werbung repräsentiert. Meine türkische Mama ist viel öfter in der deutschen Gesellschaft wiederzufinden als light-skinned Schwarze Personen: Warum erscheint ihr Bild nicht auf Bildschirmen und Plakatwänden? Offensichtlich kann man Personen, die aussehen wie sie, egal ob jung oder alt, nicht so gut vermarkten. Riskiert man etwa mit Menschen, die türkisch oder arabisch gelesen werden, zu viel, weil anti-musli-mischer Rassismus in Deutschland noch immer tief in den Köpfen der Menschen verankert ist?

Laut Statistischem Bundesamt haben 29,6 Prozent der Bevölkerung in Deutschland einen sogenannten Migrationshintergrund. Und der größte Teil der Menschen mit Migrationshintergrund hat ihre Wurzeln in der Türkei. Trotzdem sind diese Gruppen in der Werbung stark unterrepräsentiert. Also wie kann es sein, dass unsere Werbung so tut, als wären mehr Personen in Deutschland light-skinned Schwarze? Oder war das eh nie der Anspruch?

„Ich will meine türkische Mama in der Werbung sehen, und auch meine Freundinnen mit Kopftuch. Das könnte ein Anfang sein."

Wie gesagt: Ich freue mich, wenn die Werbung diverser wird. Wenn wir in den Werbepausen unterschiedlichen Menschen dabei zusehen können, wie sie genussvoll in ihre Burger beißen, ein Bierchen zapfen oder in Bikinis am Strand liegen.

Aber in den Werbeagenturen, die sich diese Storylines ausdenken, sehe ich keine freundlich lachenden Schwarzen mixed Frauen, die bei dem Konzept der Werbekampagne mitentscheiden. Ich konnte mir in den letzten Jahren einen guten Eindruck von der Arbeit hinter den Kulissen verschaffen und kann euch versprechen: Dort sieht es in den Entscheidungspositionen *weiß* und mehrheitlich männlich aus (wo eigentlich nicht?).

Die deutsche Werbung will meiner Meinung nach nicht diverser werden, weil sie die deutsche Gesellschaft widerspiegeln oder bestehende Machtstrukturen aufbrechen möchte, auch wenn viele Kampagnen damit werben und sich in ein schönes Licht zu rücken versuchen: Schaut her, wir sind krass intersektional! Die deutsche Werbung beziehungsweise die Kund*innen der Marken setzen einfach einen Haken hinter ihre „Wir-müssen-diverser-werden-To-do-Liste": Okay, hier ist die Person of

Color und hier ist eine Frau. Aber diese Checklisten- und Bilderbuch-Diversität ist nicht echt.

Was echt ist, sind hingegen die Ergebnisse von Studien zum Kaufverhalten der Konsument*innen: Eine Studie von Adobe (2022) zum Beispiel fand heraus, dass 61 Prozent der Konsument*innen eher bereit sind, bei Marken zu kaufen, die vielfältige und inklusive Werbung verwenden.

„Echte Diversität"

Das reicht doch eigentlich, oder? Wozu noch darüber nachdenken, wie nachhaltige und strukturelle Veränderung und echte Diversität (ich kann diesen Begriff nicht mehr hören) erreicht werden kann. Das würde nämlich bedeuten, dass Diversität in das Denken und die DNA des Unternehmens einfließen müsste. Aber welches Unternehmen ist bereit dazu? Wo ist sie denn, die „echte Diversität", von der auf den Websites gesprochen wird?

Tatsächlich lässt sich aktuell sogar ein Rückwärtstrend hinsichtlich der Diversitätsbestrebungen beobachten, wie sie vor wenigen Jahren von vielen Unternehmen noch öffentlichkeitswirksam angekündigt wurden. Laut einem Bericht von „Business Insider" hat Microsoft 2024 ein ganzes Team entlassen, das sich auf die Themen Vielfalt, Gleichberechtigung und Inklusion konzentrierte. Auch andere Technologieunternehmen rücken von selbst gesteckten Zielen für mehr Vielfalt weg. So entließ das Unternehmen Zoom offenbar Anfang 2024 sein DEI Team (DEI steht für „Diversity, Equity, Inclusion"). Und auch Google und Meta haben laut CNBC (Gruppe von Nachrichtensendern) im letzten Jahr ihre DEI-Programme zusammengekürzt.

Die Autorin Celia Parbey schrieb vor einigen Jahren im „Rosa Mag": „Schwarz sein ist ein Trend, doch wir können unsere Haut nicht einfach an- und ausziehen oder uns vor Mikroaggressionen, Rassismen und Konfrontationen schützen. Unsere Haut ist keine Jacke oder eine Mütze, die wir nach Belieben in den Tiefen unserer Schränke verstauen können. Schwarz sein ist ein Trend, doch in Wahrheit bedeutet es einer Gruppe anzugehören, die von der Mehrheitsgesellschaft auf eine bestimmte Art und Weise wahrgenommen wird. Jahrzehnte in Magazinen zu blättern, in denen das europäische vorherrschende Bild von groß, extrem schlank und überwiegend *weiß* suggeriert: Du bist nicht schön. Du gehörst dieser Gesellschaft nicht an. Diktiert von Institutionen, Modemagazinen und der gesamten Beautyindustrie. Schwarz sein ist ein Trend. Doch für uns ist es Alltag."

„Ich bin kein Trend", sage ich mir und steige in die U-Bahn ein. Ich fühle mich weder geschmeichelt noch gesehen oder repräsentiert. Ich fühle mich nicht ernst genommen, ich fühle mich instrumentalisiert. Ich will meine türkische Mama in der Werbung sehen, und auch meine Freundinnen mit Kopftuch. Und das kann nur ein Anfang sein. Am Ende müsste echte Repräsentation der Bevölkerung stehen – in allen Bereichen der Gesellschaft, Politik und Wirtschaft.

Zwischen Stigma und Alltag

Leben mit einer unsichtbaren Behinderung

YLVA TEBARTZ

Es ist der September im Jahr 1997. Meine Mutter sitzt bei 25 Grad Celsius im Wartezimmer eines HNO-Arztes in Bochum, mit mir im Arm. Ich bin winzig, denn ich bin drei Wochen zu früh auf die Welt gekommen. Dass wir beide über viele Jahre hinweg noch sehr viel Zeit in diesem Wartezimmer verbringen würden, wusste meine Mutter damals nicht. Was sie allerdings wusste: dass bei mir etwas anders war.

Meine Mutter wachte am Morgen nach meiner Geburt ohne mich auf. Die plötzliche Stille verriet nichts über die Hektik und die Angst, die in der Nacht geherrscht haben mussten. Ich hatte mich im Bauch meiner Mutter einmal um die Nabelschnur gewickelt (Tanzen war schon immer mein Ding) und musste dann per Notkaiserschnitt auf die Welt gebracht werden. Alle, die auch ein Kind bekommen haben, können sich wahrscheinlich vorstellen, wie traumatisch die Erfahrung ist, nicht direkt nach der Geburt bei dem Kind zu sein. Meine Mutter hat das komplette Krankenhaus zusammengeschrien, bis sie und mein Vater mich endlich sehen durften. Und so hielten mich meine Eltern kurze Zeit später in ihren Armen und hofften, dass ich gesund war.

Zurück im Wartezimmer: Nach einer gefühlten Ewigkeit ruft der HNO meine Mutter und mich in das Behandlungszimmer, um mich zu untersuchen. Nach ein paar Checks mit sterilisiertem, silbernem Werkzeug stellt er fest: „Ja, Frau Tebartz, Ihr Kind ist wie ein Hering." Verwirrung macht sich auf dem Gesicht und Verärgerung im Bauch meiner Mutter breit. Nach all den Tagen der Sorge, in denen sich meine Eltern die schlimmsten Szenarien im Kopf ausgemalt hatten, sagt ihr dieser Arzt aus dem Ruhrpott, dass ihr erstes Kind wie ein Fisch sei? In aller Ruhe erzählt er meiner Mutter, dass es bei meinem rechten Ohr zu einer „Ohrmuschel-Dysplasie" gekommen sei. Diese sei häufig genetisch bedingt und die Erklärung für meine Ohrmuschelfehlbildung, die nur aus Haut und Knorpel besteht.

Das kleine Krokodil und ich

Die ersten Jahre meines Lebens musste ich ein Hörgerät tragen, um die restliche Hörfähigkeit auf meiner rechten Seite zu fördern. Deshalb sieht man mich auf den meisten Fotos aus dieser Zeit mit einem dunkelblauen Lacoste-Stirnband mit einem kleinen grünen Krokodil, an dem das Hörgerät befestigt war. Ein jährlicher Termin beim HNO inklusive diverser Hörtests und stundenlangem Warten im nicht-klimatisierten Wartezimmer gehörten für mich zur Routine, bis ich 16 war. Denn: Die Dysplasie bringt in meinem Fall nicht nur eine physische Verformung mit sich, sondern auch ein eingeschränktes Hörvermögen. So nehme ich auf meinem rechten Ohr Geräusche erst ab 90 Dezibel wahr – das ist ungefähr die Lautstärke eines Presslufthammers. Und nein, ich habe mich bisher noch nicht neben einen Presslufthammer gestellt, um das auszuprobieren.

Seitdem ich Stirnband und Hörgerät nicht mehr tragen muss, ist meine Behinderung für viele Menschen nicht mehr sichtbar. Ich lasse meine Haare offen, vielleicht sogar unbewusst, um das Ohr zu verstecken, habe keine Einschränkungen im Sprechen und auch sonst nicht – solange niemand versucht, mir etwas ins rechte Ohr zu flüstern – „Stille Post" war aus diesem Grund noch nie mein Lieblingsspiel. Damit bin ich „nur" zu 30 Prozent behindert und zähle wie 2,8 Millionen weitere Deutsche zu den Menschen mit einer leichten Behinderung – also mit einem Grad der Behinderung von 50 Prozent oder weniger. Nicht nur physische Behinderungen, die auf den ersten Blick nicht sichtbar sind, wie das Reizdarmsyndrom, sondern auch Neurodivergenzen wie ADHS und Autismus, chronische Krankheiten wie Autoimmunerkrankungen oder psychische Krankheiten zählen zu den unsichtbaren Behinderungen.

Doch nur weil unsichtbare Behinderungen nicht direkt wahrnehmbar sind, heißt das nicht, dass sie nicht ständig in den Köpfen Betroffener herumschwirren. Selbst wenn ich nur für mich selbst sprechen kann, habe ich tagtäglich einen mentalen disconnect, was das Thema angeht. Ich nehme meine Behinderung als „nicht so schlimm" wahr – und doch spielt das Thema gleichzeitig eine große Rolle in meinem Leben. Fast täglich setze ich mich mit meiner Behinderung auseinander, ob bewusst oder unbewusst. Es fängt damit an, dass ich nur den linken AirPod benutzen kann und hört damit auf, dass ich nicht weiß, was der Freund meiner Freundin jetzt beruflich macht. Bei dem Straßenfest, auf dem er es mir erzählt hat, saß er die ganze Zeit rechts von mir, und nach dem dritten Mal „Wie bitte?" und „Hm?" wurde es mir dann unangenehm, noch einmal nachzufragen. Deshalb ist es für mich oft einfacher, so zu tun, als hätte ich alles verstanden und zu hoffen, dass die Person keine Gegenfragen stellt. Lächeln und winken, wie die Pinguine im Trickfilm „Madagascar".

„Nur weil unsichtbare Behinderungen nicht direkt wahrnehmbar sind, heißt das nicht, dass sie nicht ständig in den Köpfen Betroffener herumschwirren."

Von außen betrachtet mag die Lösung einfach sein: Man könnte neue Bekanntschaften immer direkt auf die Behinderung aufmerksam machen. Dann würde es zu weniger Missverständnissen kommen. Und tatsächlich überlege ich bei jeder Begegnung mit neuen Menschen, ob und wann sie herausfinden, dass ich eine Behinderung habe. Oft aus Angst, sie könnten mich ablehnen oder mich in einem anderen Licht betrachten. Und aus Scham, weil ich unterbewusst denke, ich hätte irgendwas anders machen können, irgendwie stoppen können, dass mein Körper so wurde, wie er jetzt ist. Ich fühle mich häufig falsch und anders, weil mein Körper „nicht normal" ist. Weil Menschen mit Behinderung immer noch stigmatisiert und diskriminiert werden.

Behinderungen am Arbeitsplatz

Diese Stigmata sind ein Grund dafür, warum ich und viele andere Menschen ihre Behinderung am Arbeitsplatz verschweigen. US-amerikanische Studien gehen davon aus, dass etwa 30 Prozent der Arbeitnehmer*innen eine Behinderung haben. Davon haben 62 Prozent eine unsichtbare Behinderung. Menschen mit einer unsichtbaren Behinderung weihen ihre Kolleg*innen nur auf einer „Need-To-Know"-Basis ein, also nur, wenn sie es zwingend wissen müssen. Am häufigsten weihen sie dabei ihre direkten Vorgesetzten ein. Dass die Information bis an die Personalabteilung herangetragen wird, geschieht nur in 21 Prozent der Fälle. Das liegt aus meiner Sicht daran, dass Behinderungen von Betroffenen sowie Außenstehenden als „weniger schlimm" betrachtet werden, wenn sie nicht direkt sichtbar sind.

Gleichzeitig sind Menschen mit Behinderung mit vielen spezifischen Herausforderungen konfrontiert, die Menschen ohne Behinderung nicht kennen. Beispielsweise werden Ideen von Menschen mit Behinderung, die den Unternehmenswert steigern könnten, häufiger ignoriert als die Ideen ihrer nicht-behinderten Kolleg*innen. Und sie fühlen sich in ihrer beruflichen Entwicklung eingeschränkter. Solche Faktoren erhöhen die Hemmschwelle, diese offen anzusprechen.

Auch ich habe meine Behinderung meistens verschwiegen. Weil ich weiß, dass es mir eher einen Nachteil verschafft. Meine Behinderung ist nicht „drastisch" genug, um mich gesondert zu fördern. Weshalb ich mich durch das proaktive Ansprechen nur der Gefahr einer Stigmatisierung aussetze. Zugleich hat noch keine*r meiner Arbeitgeber*innen ein Umfeld geschaffen, das den Dialog fördert und Menschen mit Behinderung aktiv einbezieht. Generell habe ich noch nie erlebt, dass Behinderungen ein Thema am Arbeitsplatz waren. Mehr Frauen in Führungs-positionen, Diversity-Initiativen, klar, aber sobald Diversity über die Gleichstellung von Geschlechtern hinausging, fand ich keine Informationen, Initiativen oder Arbeitsgruppen mehr.

Wenn man als Unternehmen wirklich inklusiv sein will, muss man solche Themen proaktiv angehen. Wenn Initiativen immer von Mitarbeiter*innen angetrieben werden müssen, dann läuft man schnell Gefahr, dass das eben nicht passiert. Menschen ohne Behinderung sind meistens nicht aufmerksam genug, um das Thema als wichtig zu empfinden. Und wenn es scheinbar keine Kolleg*innen mit Behinderung gibt – wozu dann Empathie zeigen und Themen aufmachen? Als Mitarbeiter*in mit einer un-sichtbaren Behinderung hat es fast nur Nachteile, diese sichtbar zu machen, um mehr Inklusion zu fordern. Deshalb sehe ich die Bringschuld ganz klar bei den Arbeitgeber*innen.

„Ich habe noch nie erlebt, dass Behinderungen ein Thema am Arbeitsplatz waren. Mehr Frauen in Führungspositionen, Diversity-Initiativen, klar, aber sobald Diversity über die Gleichstellung von Geschlechtern hinausging, fand ich keine Informationen, Initiativen oder Arbeitsgruppen mehr."

Von meinem Normal zur Norm: Ist eine OP die Lösung?

Als ich etwa zwölf Jahre alt war, war ich mit meiner Mutter zu Be-such in der plastischen Chirurgie. Meine Ohr-Dysplasie lässt sich nämlich operieren und zumindest ästhetisch anpassen. Dadurch kann ich zwar nicht besser hören, habe aber die Chance, zwei auf den ersten Blick normal aussehende Ohren zu haben. Nach-dem uns die Ärztin das Prozedere erklärt hatte – man muss mir eine Rippe und ein Stück Haut entfernen und züchtet im Labor dann ein Ohr heran – war ich erstmal abgeschreckt. Die Vor-her-Nachher-Bilder sahen für mich wenig natürlich aus und die

Warteliste für die OP betrug fast zehn Jahre. Das war mir damals definitiv zu lang.

Das zeigt schon, dass meine Dysplasie mich psychisch nie so sehr belastet hat, dass ich sie unbedingt hätte ändern wollen. Heute würde ich sicherlich schneller einen OP-Termin bekommen und hätte die Möglichkeit, ein normal aussehendes Ohr zu bekommen, wenn ich möchte. Doch irgendwie möchte ich nicht. Ich habe zu viel Angst davor, dass sich das „neue Ohr" nicht wie ein Teil von mir anfühlt. Denn meine Dysplasie gehört genauso zu mir wie all meine der Norm entsprechenden Körperteile. Und es stört mich, wenn ich bei mir bleibe, eigentlich gar nicht. Mich stören nur die Urteile, die andere Menschen über mich fällen könnten. Und dafür will ich mich nicht verändern.

Unsichtbare Behinderungen sichtbar machen

Lange Zeit habe ich mich dagegen gesträubt, das Thema öffentlich zu behandeln. Nicht nur, weil ich dann viel mehr Menschen die Chance gebe, mich zu stigmatisieren. Sondern auch, weil meine Behinderung mir dann als definierender Faktor angerechnet wird. Ich bin dann nicht mehr einfach ich, sondern für alle, die diese Information über mich haben, „die mit dem kleinen Ohr". Ich weiß, dass das nur der Fall ist, da so wenige Menschen mit unsichtbaren Behinderungen offen darüber sprechen und ihre Behinderung lieber verstecken. Ein Merkmal kann niemals zur Norm werden, wenn die Norm ist, eben dieses Merkmal zu verstecken. Genauso kann es für viele Menschen mit unsichtbarer Behinderung der richtige Schritt sein, ihre Behinderung nicht zu zeigen.

Es ist ein Privileg, dass wir den gesellschaftlichen Fokus auf unsere Behinderungen vermeiden können, wenn wir es nicht möchten. Im Gegensatz zu sichtbar behinderten Menschen können wir uns der Diskriminierung entziehen. Es ist jedoch nicht einfach, sich diesen Raum in der Gesellschaft zu nehmen, spezielle Wünsche und Anforderungen an unsere Umgebung und Mitmenschen zu stellen und mit Abwertung konfrontiert zu werden.

Dennoch will ich andere Menschen mit unsichtbaren Behinderungen dazu ermutigen, darauf aufmerksam zu machen. Denn wir können unser Privileg dafür nutzen, Menschen mit einer sichtbaren Behinderung im Kampf gegen diese Stigmata und die tägliche Diskriminierung zu unterstützen. Es ist wichtig, darüber aufzuklären, wie wir als Menschen mit Behinderung gesellschaftlich benachteiligt werden. Und dafür einzustehen, dass das nicht mehr der Fall ist. Damit wir gemeinsam eine inklusivere, tolerantere und solidarischere Gesellschaft erschaffen können.

Reclaim Behinderung!

Warum es völlig okay ist, „behindert" zu sagen

REBECCA MASKOS

„Voll behindert, du Spast!" schallt es vom Schulhof rüber, und ich denke: Meinen die mich? Natürlich nicht. Obwohl ich's ja bin. Okay, „Spastiken" habe ich jetzt nicht, aber „voll behindert", ja, das bin ich schon. 100 Prozent Schwerbehinderung steht im Ausweis, und man sieht's mir auch an, mit allem Pipapo: Kleinwüchsigkeit, Hörgeräte, Rollstuhl. Als ich irgendwann mal einen Jugendlichen fragte, ob seine Kumpels zufällig mich meinen mit „voll behindert, Alter", sagte der mir völlig entgeistert: „Nein, das sagt man einfach so!" Schon klar.

Was sagt das über unsere Gesellschaft aus, wenn „behindert" ein Schimpfwort ist? Dass es wohl eine sehr treffsichere Beschämung ist, jemanden so zu nennen. Dass „behindert" das ist, was man auf keinen Fall sein will. „Behindert" sein im Sinne der Beschimpfung, das ist das Gegenteil von normal, das ist peinlich, total uncool.

Mein „behindert" geht anders. Wenn ich „behindert" sage, dann meine ich: Ich werde behindert, von Barrieren, von Gesetzen, davon, wie Behinderung gesellschaftlich diskutiert wird. Ja, ich werde manchmal auch von meinem Körper behindert. Aber der ist nicht zu denken ohne die Gesellschaft um ihn herum.

„Was sagt das über unsere Gesellschaft aus, wenn ‚behindert' ein Schimpfwort ist? Dass es wohl eine sehr treffsichere Beschämung ist, jemanden so zu nennen."

Mit diesem „sozialen Modell" von Behinderung bin ich nicht allein. Viele behinderte Menschen verstehen sich so, und auch in der Selbstbestimmt-Leben-Bewegung behinderter Menschen wird Behinderung so gedacht. „Behinderung": Das ist etwas Soziales, Gesellschaftliches, und damit ist der Begriff genau passend. Die allermeisten behinderten Menschen verstehen ihn nicht als Diskriminierung. Kaum eine*r von uns würde sich als „andersfähig", „gehandicapt" oder „eingeschränkt" bezeichnen.

Die Schulhofkultur hat ganze Arbeit geleistet

Treffe ich auf nicht-behinderte Menschen, ist die Verunsicherung indes groß. „Wie darf ich dich ansprechen?", wird gefragt. „Sag doch einfach Rebecca", möchte ich gerne antworten, aber – ich versteh' schon, das löst nicht das Problem. Ein bunter Strauß an Bezeichnungen wird herumgereicht, in den Medien, bei Veranstaltungen, im Bekanntenkreis: „Menschen mit Einschränkungen", „Menschen mit Beeinträchtigungen", „Menschen mit Handicap", „Menschen mit besonderen Bedürfnissen", „Andersbegabte".

Menschen winden sich, nervös flattern die Augenlider – alles nur, um das vermeintlich verbotene Wort „behindert" zu vermeiden. Und um „nichts falsch zu machen". Die Angst ist groß, behinderte Menschen zu verletzen. Das ist verständlich, und ein Bewusstsein für nicht-diskriminierende Sprache ist auch überaus wichtig. Nur in diesem Fall geht es oft in die falsche Richtung. Weil die Schulhofkultur ganze Arbeit geleistet hat, scheint der Begriff „behindert" verbrannt zu sein. Doch hilft es mir, wenn ich jetzt zu einem „Mensch mit besonderen Bedürfnissen" umdefiniert werde?

Auf keinen Fall. Erstens: „Besondere Bedürfnisse", die haben wir doch alle. Genauso wie „Einschränkungen". Wenn man's genau nimmt, sogar „Beeinträchtigungen": Wer hat's nicht am Rücken, wer hat keine Allergie, wen plagt nicht irgendwann das Alter? Zweitens: Begriffe wie „besondere Bedürfnisse" sind Euphemismen, Beschönigungen, um die vermeintliche Stigmatisierung durch „Behinderung" zu verdecken. Ziemlich interessant ist es übrigens, wenn man sich das Ganze mal historisch anguckt: Der Begriff „Behinderung" wurde selbst erst Anfang des zwanzigsten Jahrhunderts eingeführt, um diffamierenden Begriffen wie „Krüppel" etwas entgegenzusetzen.

Lassen wir das Handicap beim Golf!

Ganz schlimm wird's auf „Denglish": „Gehandicapt" leitet sich von „Handicap" ab – ein Wort, das vor allem im angloamerikanischen Sprachraum mittlerweile ein No-Go ist, weil Aktivist*innen der Behindertenbewegung es mit Armut, Schwäche und Defizit assoziieren. Überlassen wir das Handicap doch einfach den Golfspieler*innen.

Denn drittens: Wo bleibt denn dann das schöne Wort „Behinderung", mit dem man doch gerade das soziale Modell so treffend benennen kann? Das „soziale Modell" trifft man – finde ich – übrigens am besten, wenn man „behinderte Menschen" sagt und nicht „Menschen mit Behinderungen". Denn bei letzterem ist die Behinderung wieder das körperliche Anhängsel und die Barrieren werden nicht mitbenannt.

Aber ob nun „behinderter Mensch" oder „Mensch mit Behinderung" – das ist Geschmackssache. Ziemlich unten durch ist es jedoch, einfach nur von „den Behinderten" zu sprechen. Das klingt für behinderte Menschen doch zu sehr nach Schublade, reduziert uns zu sehr auf unsere Behinderung. Dass wir immer noch „Mensch" dazusagen müssen, wenn wir über „Behinderung" sprechen, ist eigentlich traurig – aber in einer Welt, in der wir in Beschimpfungen vorkommen, offensichtlich noch notwendig.

Am besten ist es immer, Menschen selbst zu fragen, wie sie genannt werden wollen. Aber so lange das nicht klar ist und man sich unsicher ist, sage ich: Reclaim „behindert"! Das Wort ist einfach gut.

Nicht der Rede wert?

Warum gendergerechte Sprache abbildet, was längst gesellschaftliche Realität ist

CAMILLE HALDNER

Auf dem Cover dieses Buches leuchtet ein kleiner Stern, fachsprachlich Asterix genannt. In meiner Welt symbolisiert dieses Sternchen ein Bewusstsein für Unvollständigkeit. Unvollständigkeit, wie wir sie im Patriarchat an vielen Stellen vorfinden – so lange, bis die Gleichberechtigung aller Menschen Realität wird. Während dieses Sternchen bei mir positive Assoziationen weckt, weil es für Lücken in unserer Sprache sensibilisiert und ein Versuch sprachlicher Inklusion ist, treibt es andere Menschen zur Weißglut. Kaum ein Thema muss so oft für Wutreden über Feminismus herhalten wie der „Genderstern" oder „Gendersprache" im Allgemeinen.

Klar, gendergerechte Sprache im fünfhundertsiebzehnten Meinungstext abzuwerten und Feminist*innen als „Sprachpolizei" zu verschreien, mag erstmal nur wie ein einfallsloser Schachzug populistischer Akteur*innen daherkommen, die Deutungsverlust fürchten. Bei genauerer Betrachtung aber füttert es einen Diskurs, der den Wunsch nach Sichtbarkeit diverser Geschlechter lächerlich macht und das Narrativ verstärkt, wir befänden uns in einem „Kulturkampf", bei dem die „natürliche Ordnung" in Gefahr sei.

„Sprache hat Wirkung und Schlagzeilenhascherei ist Teil der populistischen Maschinerie, mit der sich dieses Land seit Jahren nach rechts bewegt", schreibt Hadija Haruna-Oelker in der „Frankfurter Rundschau". Die Politikwissenschaftlerin beschreibt in dem Artikel, wie diese Inszenierung eines Kulturkampfes die Polarisierung der Gesellschaft weiter vorantreibt und damit zum Erfolg einer AfD beiträgt, wie wir ihn bei der Europawahl 2024 beobachten konnten. „Mit unserer Gesellschaft ging es in Schüben und diskursiven Wellen immer weiter nach rechts. Es passiert, bildlich gesprochen, in einem Zug, in den auch konservative Stimmen, Mitglieder ‚etablierter' Parteien und manche Medienschaffende und desillusionierte migrantisierte Menschen eingestiegen sind", schreibt Hadija Haruna-Oelker.

Diese Verschiebung nach rechts, die mit anti-emanzipatorischen Entwicklungen in sehr vielen Bereichen einhergeht, lässt sich gut auch am Beispiel der Debatte ums „Gendern" beobachten. So zeigen neuere Studien beispielsweise, dass die Zustimmung zu gendergerechter Sprache in der Gesellschaft abnimmt. Und in der Politik macht sich die AfD seit Jahren für ein Genderverbot stark, mit Erfolg. Mittlerweile haben bürgerliche und konservative Parteien die Forderung übernommen und verstärkt. So wurden in Bayern, Hessen, Sachsen, Sachsen-Anhalt und Schleswig-Holstein in den vergangenen drei Jahren diverse Verbote und Einschränkungen zum Gebrauch geschlechtergerechter Sprache in staatlichen Bereichen angekündigt oder bereits verordnet. In Bundesländern mit solchen Regelungen berichten Lehrpersonen seither davon, dass sie bestimmte Unterrichtsmaterialien (bspw. herausgeben von der Bundeszentrale für politische Bildung) nicht mehr verwenden dürfen, weil darin mit Sonderzeichen gendergerecht formuliert wird. Wie war das nochmal mit der Sprachpolizei?

Anti-feministischer Backlash

Das Genderverbot sei eines von vielen Themen, mit denen die AfD die politische Konkurrenz vor sich hertreibe, sagt die Politikwissenschaftlerin Dorothée de Nève von der Universität Gießen. Mit der Übernahme rechter Diskursstrategien gestehe die bürgerliche Mitte nicht nur ihre Niederlage gegenüber der politischen Konkurrenz von rechts ein, ein solches Verhalten sei auch strategisch sehr riskant. Politische Beobachtungen und wissenschaftliche Studien zeigten, dass dieses Verhalten kontraproduktiv sei und Rechtspopulist*innen und Antidemokrat*innen weiter stärke, so Dorothée de Nève im Gespräch mit dem Magazin „Lautstark!".

Die unabhängige Bundesbeauftragte für Antidiskriminierung, Ferda Ataman, bezeichnet das Verbot inklusiver Sprache als Rückschritt ins letzte Jahrhundert – und benennt dabei eine Entwicklung, die immer weiter voranschreitet: den sogenannten antifeministischen Backlash. „Der Staat sollte Respekt und Toleranz fördern, nicht verbieten", sagt Ferda Ataman, die Leiterin der Antidiskriminierungsstelle des Bundes (ADS) ist. Jurist*innen der Einrichtung haben im Mai 2024 ein Kurzgutachten veröffentlicht, in dem sie zu dem Schluss kommen, dass Verbote geschlechtergerechter Sprache verfassungsrechtlich problematisch seien. Gemäß der ADS können solche Verbote einen Verstoß gegen das Diskriminierungsverbot, das Persönlichkeitsrecht, gegen die Wissenschaftsfreiheit an Hochschulen sowie gegen die Meinungs- und Handlungsfreiheit an Schulen und beim öffentlich-rechtlichen Rundfunk gegen die Rundfunkfreiheit darstellen.

Wer tatsächlich gemeint ist, bleibt unklar

Insbesondere dem Journalismus obliegt in meinen Augen die Verantwortung, Geschehnisse so genau wie möglich zu beschreiben. Das ist aber kaum umsetzbar, wenn man auf das generische Maskulinum besteht. Ein Beispiel: Wenn in der Zeitung steht „alle Parlamentarier beteiligten sich an der Abstimmung", können Leser*innen das entweder so verstehen, dass sich alle männlichen Parlamentarier beteiligten oder eben alle Parlamentarier*innen. Wer tatsächlich gemeint ist, bleibt unklar.

Was viele Gegner*innen geschlechtergerechter Sprache nicht realisieren oder bewusst ignorieren: Sprache, die nur das generische Maskulinum verwendet, ist gegendert – männlich gegendert. Der Mann gilt bis heute in vielen Bereichen als Norm und in der Sprache führt das offenbar dazu, dass diese gar nicht mehr als gegendert erkannt wird. Der Versuch, mehrere Geschlechter in der Sprache abzubilden, ist daher eigentlich nicht

„gendern", sondern eine sprachliche Erweiterung, die über binäres Geschlechterdenken hinausgehen sollte. Idealerweise lässt sich das über neutrale Umformulierungen wie Studierende oder Mitarbeitende lösen, und manchmal bietet sich dafür eher ein Sonderzeichen wie der Asterix oder der Unterstrich an.

„Was viele Gegner*innen geschlechtergerechter Sprache nicht realisieren oder ignorieren: Sprache, die nur das generische Maskulinum verwendet, ist gegendert – männlich gegendert."

Sprache – besonders jene öffentlichkeitsrelevanter Institutionen – sollte die Realität abbilden. Doch das tut sie nicht, solange wir das generische Maskulinum verwenden. Damit wird nämlich nicht nur der sprachlichen Sichtbarkeit aller anderen Geschlechter entgegengewirkt, es wird zugleich auch vertuscht, wie es teilweise um die nicht-diverse Besetzung in vielen Institutionen und Unternehmen steht. Woher wissen wir beispielsweise, wie viele Angestellte eines Unternehmens männlich sind, wenn pauschal von Mitarbeitern gesprochen wird?

„Wir wissen aus 20 Jahren Forschung, dass das generische Maskulinum als Maskulinum interpretiert wird und nicht generisch", sagt der Sprachwissenschaftler Dr. Anatol Stefanowitsch in einem Interview mit EDITION F. In der Praxis bedeute das, dass Frauen beim traditionellen, generischen Maskulinum nie wüssten, ob sie mitgemeint seien. „Das erzeugt eine ständige erhöhte Anforderung an die Aufmerksamkeit von Frauen. Und es führt dazu, dass Frauen sich tatsächlich sehr häufig unbewusst nicht mitgemeint fühlen, obwohl sie es vielleicht sind."

Über Jahrhunderte ignoriert

Das generische Maskulinum ist das Relikt einer Gesellschaft, die Frauen, trans, nicht-binären und intergeschlechtlichen Menschen gesellschaftliche Teilhabe verwehrt hat. Diese sprachliche Unsichtbarkeit ist symptomatisch für eine Gesellschaft, die uns über Jahrhunderte ignoriert und unsichtbar gemacht hat. Wir waren nicht der Rede wert – und sind es in den Augen mancher Leute weiterhin nicht.

Wohin uns dieses Denken führt, zeigt sich ganz gut an unserer heutigen Welt. Einer Welt, die viele Menschen übersieht, mit teils drastischen Auswirkungen in so ziemlich allen Lebensbereichen. Einer Welt, in der Schutzmasken oft nicht auf die Gesichter von Frauen passen, Sicherheitsgurte nicht abgestimmt sind auf weibliche Körper und Menschen mit Uterus bis heute aus vielen Medikamentenstudien ausgeschlossen werden, weil ihr Zyklus die Testung verkompliziere. Folge dieser Ungleichbehandlung ist ein System, das mehr als die Hälfte der Menschheit weniger gut versorgt.

„Das generische Maskulinum ist das Relikt einer Gesellschaft, die Frauen, trans, nicht-binären und intergeschlechtlichen Menschen gesellschaftliche Teilhabe verwehrt hat. Wir waren nicht der Rede wert – und sind es in den Augen mancher Leute weiterhin nicht."

Ein weiteres Argument für gendergerechte Sprache ist die Tatsache, dass Sprache die Realität nicht nur korrekt wiedergeben sollte, sondern auch umgekehrt wirkt: Sie hat einen Einfluss auf die Realität. Diverse Studien belegen, dass die Nutzung des generischen Maskulinums in Stellenausschreibungen dazu führt, dass Frauen sich weniger angesprochen fühlen; dass Frauen, wenn beispielsweise von Ärzten, Studenten oder Erziehern die Rede ist, nicht unbedingt mitgedacht werden; und dass sich Kinder, insbesondere Mädchen, durch die Nennung aller Geschlechter in Jobtiteln mehr Berufe zutrauen.

„Mitgemeint" reicht also nicht. Denn mitgemeint bedeutet nicht automatisch mitgedacht. Mal abgesehen davon, dass selbst mitgedacht eigentlich nicht ganz richtig ist. Die Hälfte der Menschheit ist kein Zusatz, sondern sollte gleichwertig gedacht statt mitgedacht werden. „Ein Individuum kann darauf pochen, das generische Maskulinum weiter zu verwenden, aber gesellschaftlich relevante Akteur*innen können sich nicht so verhalten. Das ist ein Scheitern von sprachlicher Inklusion", sagt Dr. Anatol Stefanowitsch.

Sprachlich abbilden, was längst Realität ist

Was in all den Debatten ums „Gendern" meist gar nicht erst passiert, ist eine konstruktive Besprechung der Sinnhaftigkeit gendergerechter Sprache. Besprochen wird oft auch nicht, dass ein Sonderzeichen wie der „Genderstern" nicht nur Bindeglied ist für die Kombination aus männlicher und weiblicher Form, sondern darauf aufmerksam machen soll, dass es in unserer Gesellschaft eine große Geschlechtervielfalt gibt: genderfluide, ageschlechtliche, trans, nicht-binäre und intergeschlechtliche Menschen beispielsweise.

Ein schönes Beispiel dafür, dass der männlich gegenderte Sprachgebrauch nicht bloß Frauen, sondern generell der immer offener gelebten Vielfalt in unserer Gesellschaft nicht (mehr) gerecht wird und die Realität nicht korrekt abbildet, bietet der Eurovision Song Contest (ESC) 2024. Dieser ESC war nicht nur für Fans des Musikwettbewerbs spannend, sondern für alle Menschen, die sich Gedanken darüber machen, wie unsere Welt gerechter gestaltet werden kann. Gewonnen hat Künstler*in Nemo mit „The Code" und brachte die gläserne Trophäe damit erstmals seit Céline Dions Sieg 1988 wieder in die Schweiz.

Nemo besingt in dem Stück die Suche nach sich selbst: „This story is my truth/I went to hell and back/To find myself on track/I broke the code/Somewhere between the 0's and 1s." Durch die Hölle gehen, den Binärcode brechen und dann zwischen den Nullen und Einsen fündig werden, bedeutet in Nemos Fall zu erkennen, dass es mehr gibt als nur zwei Kategorien von

Geschlecht: Nemo ist weder männlich noch weiblich, Nemo ist nicht-binär.

Das Ausnahmetalent lieferte mit „The Code" nicht nur einen identitätsstiftenden Song für die eigene Community, sondern schaffte als erste*r nicht-binäre*r ESC-Sieger*in dringend benötigte Sichtbarkeit für Menschen, die in der Mehrheitsgesellschaft kaum stattfinden. Abgesehen von der so wichtigen Repräsentation setzte dieser Sieg einen Kontrapunkt zur Behauptung, geschlechtliche Vielfalt gäbe es nicht und sprachliche Berücksichtigung aller Geschlechtsidentitäten sei ein Ding der Unmöglichkeit.

Nach Nemos Sieg fanden die Menschen plötzlich Wege, sprachlich abzubilden, was längst gelebte Realität ist. In der konservativen „Neuen Zürcher Zeitung", wo sonst Kommentare über die Unmöglichkeit geschlechtergerechter Sprache und den Einsatz entsprechender Sonderzeichen publiziert werden, mussten die Journalist*innen plötzlich kreativ werden, um Sternchen, Doppelpunkte und Unterstriche zu vermeiden und dennoch korrekt über Nemo zu schreiben.

Und die Schweiz, wo der Bundesrat sich 2022 dagegenstemmte, einen dritten Geschlechtseintrag einzuführen und damit nicht-binären sowie intergeschlechtlichen Menschen Sichtbarkeit verwehrte, hat nun ein prominentes Aushängeschild, das genau dieser unsichtbar gemachten Gruppe angehört. Für mich ein wunderschönes Signal dafür, dass Wandel trotz Widerstand nicht verhindert werden kann.

Genauso wie sich unsere Gesellschaft wandelt, verändert sich auch unsere Sprache. Die Vergangenheit zeigt: Änderten sich gesellschaftliche Verhältnisse, veränderte sich oft auch der Sprachgebrauch. Während unverheiratete Frauen früher noch als „Fräulein" bezeichnet wurden, ist es heute gesellschaftlicher Konsens, dass man als Frau keine Auskunft über den Familienstand geben muss. Und das hat wiederum dazu geführt, dass das Wort „Fräulein" fast aus unserem Wortschatz verschwunden ist.

Populist*innen nicht die Deutungshoheit überlassen

Natürlich wird Gleichberechtigung nicht allein durch gendergerechte Sprache erreicht. Doch Sprache entscheidet darüber, wie wir die Welt wahrnehmen, und die sprachliche Berücksichtigung mehrerer Geschlechter hat das Potenzial, uns zumindest ein paar Schritte näher an eine vielfältigere, tolerantere Welt zu bringen. Und das – im Vergleich zu deutlich größeren Brocken wie ungleich verteilter Care-Arbeit, dem Gender Health Gap oder Altersarmut – mit sehr einfach umzusetzenden Mitteln.

Eigentlich hatte ich mir geschworen, mich nicht mehr auf Diskussionen über gendergerechte Sprache einzulassen. Denn den Widersacher*innen gendergerechter Sprache geht es am Ende kaum darum, sachlich über Geschlechtergerechtigkeit, geschweige denn über sprachliche Inklusion, zu diskutieren. Vielmehr werden mit Reizworten Debatten heraufbeschworen, die spalten sollen und die eigentlichen Kernthemen feministischer Kämpfe bewusst verfehlen. Der Gedanke dahinter ist so simpel wie manipulativ: Solange man die Gesellschaft mit Diskussionen über Sinn bzw. Unsinn gendergerechter Sprache beschäftigt, bindet man Zeit, die von progressiver Seite ansonsten darauf verwendet werden könnte, über Themen wie körperliche und sexuelle Selbstbestimmung, Verteilung von Fürsorgearbeit, Armut, Inklusion oder Rassismus zu sprechen und nachzudenken. Zeit, die wir dringend bräuchten fürs Setzen eigener Themen, für lösungsorientierte Debatten und für neue Ideen, wie ein gutes Leben für alle Wirklichkeit werden könnte.

Angesichts dieser massiven Diskursverschiebungen nach rechts, die in konkrete politische Entscheidungen übersetzt werden und unsere Grundrechte bedrohen, halte ich es aber für gefährlich, rechtspopulistischen Kräften die Diskurs- und Deutungshoheit zu überlassen. Ich möchte nicht einfach dabei zuschauen, wie das Thema „Gendern" in derart aufgebauschter Kulturkampfmanier in den Mainstream getragen wird, wie Menschen gegen die „bösen" Feminist*innen aufgepeitscht werden. Nicht nur lässt sich ein anti-feministischer Backlash beobachten, sondern auch eine Zunahme queer- und transfeindlicher Angriffe. Das kommt nicht von ungefähr, sondern ist die logische Konsequenz einer Gesellschaft, in der gruppenbezogene Menschenfeindlichkeit wieder sagbarer scheint und in regelmäßigen Abständen Abgesänge auf sogenannte „Wokeness" in den großen Zeitungen publiziert werden.

Mein Kompromiss: Ein Gleichgewicht aus Widerrede und dem Setzen eigener Diskurspunkte.

Warum muss ich für meinen Namen kämpfen?

Bedingungslose Selbstbestimmung als Grundrecht

MONA SIEGERS

Dieser Text besteht aus zwei Teilen. Den ersten Teil schrieb ich im Juni 2022, den zweiten im Juni 2024. Das ist wichtig, denn 2022 gab es in Deutschland noch das sogenannte Transsexuellengesetz, das 2024 durch das Selbstbestimmungsgesetz abgelöst wurde. Alles, was bis heute geschah, beschreibt meinen zum Teil schmerzhaften Weg, akzeptiert zu sein, so wie ich bin.

Mein Name ist Mona. Diesen Namen haben mir nicht meine Eltern gegeben – ich habe ihn mir selbst gegeben. Der eigene Name ist sehr wichtig für viele Menschen, aber für trans Personen hat er eine besondere Bedeutung. Denn wir müssen oft für unseren eigenen Namen kämpfen. Aber warum ist anderen mein Name so wichtig? Mein Name gehört mir, und wenn Leute ihn aussprechen, dann reden sie über mich. Warum sollte also jemand über meinen Namen entscheiden dürfen – außer mir?

Der Unterschied ist wohl, dass die meisten Menschen zufrieden sind mit dem Namen, der ihnen bei ihrer Geburt gegeben wurde. Bei trans Personen ist das eigentliche Problem, dass ihnen bereits vor der Geburt ein falsches Geschlecht zugeordnet wird. Und Namen werden meistens passend dazu gewählt. Der eigentliche Kampf ist also der Kampf um die Anerkennung meines eigenen Geschlechts – und mein Name ist ein großer Teil davon.

„Ich bin kein Mann, ich bin eine Frau.
Ich bin nicht mein Deadname, ich heiße Mona."

Das Problem, das andere Menschen mit meinem Namen haben, ist nicht wirklich ein Problem mit dem Namen, sondern mit meiner geschlechtlichen Selbstbestimmung. Wenn jemand meinen Namen nicht anerkennt, erkennt diese Person auch mein Geschlecht nicht an. Ich bin kein Mann, ich bin eine Frau. Ich bin nicht mein Deadname, ich heiße Mona.

Ich habe Glück mit meinem Umfeld, das habe ich bei meinem Outing bemerkt. Meine Freund*innen, Familie, sogar die Leute an meiner Uni und in meinem Job hatten alles in allem eine große Akzeptanz, was mich und meine Transgeschlechtlichkeit betrifft. Das hatte aber auch mit mir und meinem Auftreten, mit meiner Selbstbestimmtheit zu tun. Seit meinem Outing im Herbst 2020 musste ich nur noch selten meinen Deadname hören. Dafür bin ich sehr dankbar, denn jedes Mal, wenn es passiert, fühlt es sich an wie ein Messerstich in den Magen.

Ganz entkommen konnte ich meinem Deadname trotzdem nicht. Das liegt daran, dass auch dem Staat der Name und das Geschlecht sehr wichtig sind. Deshalb trug ich lange unfreiwillig Erinnerungen an meinen Deadname auf mehreren kleinen Plastikkarten bei mir, auf meinem Personalausweis, meinem Führerschein, meiner Bankkarte. Das hat überraschend viel Einfluss auf den Alltag: Wenn ich eine Flasche Wein kaufte, wenn ich ein Paket abholen musste, wenn ich bei der Bank an den Schalter ging. Jedes Mal musste ich mich bei einer komplett fremden Person outen.

Während der Lockdowns in der Covid-Pandemie war es besonders schlimm, da man überall seinen Impfausweis und den Personalausweis vorzeigen musste. „Das ist aber der Impfausweis von Ihrem Mann", sagte der Kontrolleur vor dem Weihnachtsmarkt. Nachdem ich „Nein, das stimmt schon so" sage und er mich nochmal kurz anschaut, würdigt er mich keines Blickes mehr und sieht verlegen und leicht angeekelt aus. Vielleicht rede ich mir den letzten Teil auch ein. Ich fühlte mich auf jeden Fall jedes Mal wie ein seltsames Phänomen, das die Leute aus den Medien kennen, eine dieser „komischen Tr*nsen" eben.

Das eigene Geschlecht ist etwas zutiefst Persönliches

In Deutschland galt lange Zeit das sogenannte Transsexuellengesetz (TSG), das trans Personen ermöglichen sollte, den eigenen Namen und Personenstand (Geschlecht) zu ändern. Das war ein langwieriges und teures Gerichtsverfahren. Benötigt wurden dafür ein sogenannter „transsexueller Lebenslauf" und zwei psychologische Gutachten. Die Kosten für das gesamte Verfahren lagen meistens zwischen 1500 und 2000 Euro.

„Der eigentliche Kampf ist der Kampf um die Anerkennung meines eigenen Geschlechts – und mein Name ist ein großer Teil davon."

Der Lebenslauf sollte die eigenen Erfahrungen als trans Person aufzeigen und am besten so viele geschlechtsspezifische Klischees wie möglich beinhalten. „Ja, natürlich habe ich als Kind immer mit Puppen gespielt. Und Jungs fand ich immer bäh. Autos und so mochte ich auch nie …" Für die beiden psychologischen Gutachter*innen durfte man beim zuständigen Amtsgericht Vorschläge machen. Wenn man Glück hatte, wurden diese berücksichtigt. Ich hatte Glück mit meinem Verfahren: Ich nannte zwei Gutachter*innen, von denen ich viel Gutes gehört hatte, und das Gericht nahm meine Vorschläge an. Dabei gibt es nicht viele Personen, die solche Gutachten explizit anbieten und gerade in ländlicheren Regionen hatte man eigentlich keine Wahl.

Viele trans Personen berichten von sehr schlechten Erfahrungen mit Gutachter*innen. Von vergleichsweise harmlosen Dingen wie dem Zurückgreifen auf Klischees und dem Bewerten des Geschlechts anhand von Aussehen und Kleidungsstil bis hin zu absoluten Grenzüberschreitungen mit Fragen nach sexuellen Vorlieben und Fetischen oder der Forderung, die Unterwäsche zu zeigen, war alles dabei. Darin zeigt sich sehr gut das Problem mit diesem Verfahren: Wie beweist man, dass man trans ist? Das eigene Geschlecht ist etwas zutiefst Persönliches, das niemand außer man selbst bestimmen kann!

Im Gegensatz dazu liefen meine Gespräche zu den Gutachten sehr respektvoll ab. Trotzdem hat es zehn Monate von der Antragsstellung auf Personenstandsänderung bis zur Anhörung gedauert. Danach durfte endlich ganz offiziell überall mein richtiger Name stehen.

Das TSG trat 1981 in Kraft und wurde seither in Teilen vom Bundesverfassungsgericht als verfassungswidrig erklärt. 2020 brachten Bündnis 90/Die Grünen erstmals einen Ersatz für das TSG in Form eines sogenannten Selbstbestimmungsgesetzes in den Bundestag. Der Vorschlag wurde zunächst verhindert durch die Große Koalition. Die Ampelregierung hat dann das Selbstbestimmungsgesetz in ihrem Koalitionsvertrag verankert. Es soll jeder Person ermöglichen, den eigenen Namen und das eigene Geschlecht ohne große bürokratische Hürden einfach und schnell zu ändern. Das ist ein wichtiger Schritt in die richtige Richtung.

Gegner*innen des Selbstbestimmungsgesetzes sagen oft, dass es ausgenutzt würde. Ich verstehe diesen Einwand nicht wirklich. Mein Name und mein Geschlecht gehören mir. Es geht nicht darum, die offizielle Erlaubnis zu bekommen, eine Frau zu sein und damit zum Beispiel auch Frauentoiletten nutzen zu dürfen. (Wer kontrolliert bitte eigentlich den Ausweis, bevor man auf Toilette geht?) Ich bin bereits eine Frau und ich heiße Mona und ich möchte mich nicht regelmäßig im Alltag dafür rechtfertigen müssen.

Es ist 2024, also zwei Jahre später. Mein Deadname ist, abgesehen von veralteten Dokumenten, komplett aus meinem Leben verschwunden.

Es fühlt sich richtig und mittlerweile größtenteils normal an.

Ich habe gemerkt, dass sich meine Beziehung zu meinem Deadname verändert hat. Dadurch, dass ich ihm quasi nicht mehr begegne, fange ich so langsam an, weniger Scham und Hass ihm gegenüber zu verspüren. Ich habe noch nicht die nötige Distanz, dass ich den Namen ohne Angst offen nennen kann, aber ich habe das Gefühl, dass ich langsam dahinkomme. Es ist zumindest mein Traum: Ich will mich so sicher und gestärkt in meinem Geschlecht fühlen können, dass mir die Vergangenheit keine Angst mehr macht. Aber das braucht Zeit.

Im April 2024 wurde das „Gesetz über die Selbstbestimmung in Bezug auf den Geschlechtseintrag", kurz SBGG oder umgangssprachlich „Selbstbestimmungsgesetz", endlich vom Bundestag verabschiedet. Ab November 2024 werden zum ersten Mal Menschen in Deutschland selbstbestimmt ihr eigenes Geschlecht und ihren Namen geändert haben. Das ist ein riesiger Schritt gegen die Diskriminierung von trans, inter und nichtbinären (TIN*) Personen.

Was genau wurde im neuen SBGG geregelt?

Das diskriminierende Transsexuellengesetz (TSG) wird abgeschafft und durch das Selbstbestimmungsgesetz ersetzt. Volljährige Personen haben die Möglichkeit, ihren Geschlechtseintrag auf die Optionen männlich, weiblich, divers oder x (keine Angabe) sowie ihren Vornamen durch eine eigenständige Erklärung beim Standesamt zu ändern. Für Minderjährige unter 14 Jahren können die Sorgeberechtigten diese Änderungen vornehmen. Minderjährige über 14 Jahre können beides mit Einverständnis der Sorgeberechtigten ändern. Es gilt ein Offenbarungsverbot, wonach die Offenbarung der Geschlechtsänderung gegen den Willen der betroffenen Person strafbar ist.

Das ist erstmal das Positive. Das klingt nach wenig, aber gerade weil es so simpel ist, ist es so positiv. Selbstbestimmung ohne tausend Hürden.

Allerdings gibt es leider auch beim SBGG einiges zu bemängeln, sobald man ein bisschen genauer hinschaut: Zunächst gilt eine dreimonatige „Wartezeit". Das heißt, die Erklärung zur Geschlechtsänderung muss drei Monate vor der tatsächlichen Änderung beim Standesamt angemeldet werden. Warum? Offenbar für den Fall, dass es sich jemand doch anders überlegt.

Dazu meine persönliche Geschichte: Ich habe mit 15 angefangen, an meiner Geschlechtsidentität zu zweifeln. Mit 17 Jahren habe ich realisiert, dass ich eine trans Frau bin – und erst drei Jahre später habe ich mich bereit gefühlt, mich in meinem Umfeld zu outen. Bis dahin hatte ich noch gar nicht realistisch über eine offizielle Namensänderung nachgedacht.

So oder so ähnlich geht es den meisten trans Personen. Sie verbringen Monate bis Jahre damit, sich ihrem Geschlecht bewusst zu werden und den Mut aufzubringen, es ihrem Umfeld zu erzählen. Die gesetzlich verankerte zusätzliche Wartefrist ist absolut unangebracht und unnötig.

Das Schüren von Ängsten muss aufhören

Paragraph 6 Absatz 2 beschreibt die Wirkung des Gesetzes auf das Hausrecht und besagt, dass dieses vom Gesetz unberührt bleibt. Für das Onlinemagazin von „Proudr" interviewte ich Grünen-Politikerin Tessa Ganserer, die dazu sagt: „Wir schreiben in ein Selbstbestimmungsgesetz auch nicht hinein: ‚Im Weiteren gilt auch das Bundesimmissionsschutzgesetz, das Waldgesetz und auch das Bundesnaturschutzgesetz unverändert.'" Dieser Absatz wurde hinzugefügt, da transfeindlichen Narrativen Aufmerksamkeit geschenkt wurde: die Angst davor, dass Männer ihr

Geschlecht ändern und in Räume von Frauen eindringen könnten – also eine „Ausnutzung" des Selbstbestimmungsgesetzes. Diese Angst ist unrealistisch, weil solch ein Szenario praktisch nicht vorkommt und – viel wichtiger – ein Geschlechtseintrag nichts mit Zutritt zu bestimmten Räumen zu tun hat. Noch dazu kommt, dass dieser Absatz nicht dazu beiträgt, Ängste zu lindern. Eher im Gegenteil. Er validiert sie. Menschen, die sich unangebracht und übergriffig benehmen, dürfen und sollen rausgeschmissen werden. Das galt schon immer, unabhängig vom Geschlecht und unabhängig davon, ob es in diesem Gesetz steht. Dieser Absatz stellt trans Personen aber unter Generalverdacht. Als hätten TIN* Personen nicht bereits genug Angst, öffentliche Toiletten oder Umkleiden zu nutzen, weil sie dort vielleicht angegriffen werden, weil sie am „falschen Ort" seien.

Ähnliche Ängste findet man auch im Paragraf 9, in dem geregelt wird, dass im Verteidigungsfall Menschen mit dem Geschlechtseintrag „männlich" ihr Geschlecht nicht ändern dürfen. Auch daraus spricht die Angst, dass cis Männer ihr Geschlecht „zu Unrecht" ändern, um sich dem Militärdienst zu entziehen. Und auch dafür gibt es keine Grundlage. Nur um eine theoretische Angst zu bedienen, werden die Rechte von trans, inter und nicht-binären Personen unnötig eingeschränkt.

Und das ist noch nicht alles. Weitere Teile des Gesetzes verweigern beispielsweise den Schutz von TIN* Personen im Sport, ignorieren trans Eltern und lassen Lücken im Offenbarungsverbot, die sogar eine Verschlechterung zum Transsexuellengesetz darstellen. Die Deutsche Gesellschaft für Trans*- und Inter*geschlechtlichkeit e.V. geht in einer Pressemitteilung nochmal detaillierter darauf ein. Sie kritisieren beispielsweise auch die Situation für Jugendliche, die auf die Akzeptanz ihrer Sorgeberechtigten (oder alternativ das Familiengericht) angewiesen sind.

Wir brauchen bedingungslose Selbstbestimmung

Selbstverständlich begrüße ich den großen und wichtigen Schritt in Richtung geschlechtlicher Selbstbestimmung von trans, inter und nicht-binären Personen. Das Gesetz war lange überfällig und wird in Zukunft viele Menschen vor Diskriminierung schützen. Meine Namensänderung hat mein Leben deutlich verbessert und ich freue mich unglaublich, dass in Zukunft so viele Menschen diesen Schritt mit weniger Hürden gehen können.

„Wir brauchen bedingungslose Selbstbestimmung, denn sie ist ein unausweichlicher Baustein im Kampf gegen Geschlechterbinarität und das Patriarchat."

Deshalb bin ich umso trauriger, dass ich letztlich doch noch so viel an dem Gesetz auszusetzen habe. Nicht nur wegen der tatsächlichen Auswirkungen der Einschränkungen, sondern vor allem wegen der Botschaft, die sie vermitteln.

Wir werden die Möglichkeit bekommen, unser Geschlecht selbstbestimmt zu wählen, aber uns wird nicht vollständig vertraut: Es könnte sein, dass wir uns nach drei Monaten noch einmal umentscheiden oder den Geschlechtseintrag ausnutzen wollen. Kindern wird nicht zugetraut, ihr Geschlecht eigenständig zu kennen. Dieses Misstrauen ist spürbar und es tut weh. Dass mein Geschlecht und mein Name zu dem, was sie tatsächlich sind, geändert werden, geht nur mich was an. Das tut niemandem weh. Warum also die Vorsicht? Weil die Regierung und viele cis Personen ihre internalisierte Transfeindlichkeit nicht reflektieren und transexkludierende Feminist*innen und Transfeind*innen teilweise ernster nehmen als TIN* Menschen? Weil sie sich an der Geschlechterbinarität festklammern, deren Existenz durch die bloße Existenz von TIN*-Personen infrage gestellt wird?

Wir brauchen bedingungslose Selbstbestimmung, denn sie ist ein unausweichlicher Baustein im Kampf gegen Geschlechterbinarität und das Patriarchat.

(Re)connecting with my Roots

Von der Anpassung zur Wiederentdeckung meiner Kultur

KANTOM AZAD

Es ist 7 Uhr morgens, ich wache auf vom Klirren des Armschmucks meiner Mutter. Sie streift sich einen Churi (Armreifen) nach dem anderen über ihre Hände. Klack. Klack. Ihre Augen leuchten vor Freude. Meine Mama ist gestern Abend extra nach Berlin gereist, um mit mir zum Karneval der Kulturen zu gehen. Jedes Jahr freut sie sich auf diese Veranstaltung und fährt dafür von Wiesbaden, wo sie lebt, nach Berlin. Sie ist so aufgeregt, dass sie mehrere Stunden vor mir aufsteht und sich vorbereitet. Einen ganzen Tag lang wird sie mit mir zu bengalischer Musik durch die Straßen Berlins tanzen. Sie trägt einen grünen Sari mit handgestickten roten, gelben und blauen Verzierungen, dicke goldene Halsketten, goldene Jhumka Ohrringe, bunte Churis an ihren Armen und einen goldenen Tikkli auf dem Kopf. Auf ihrer Stirn klebt ein großer blauer Punkt, ein Bindi. Ihre rot gefärbten Lippen formen ein großes Lächeln.

Mama freut sich darauf, unsere Kultur zeigen zu können. Sich selbst zu zeigen. Zu zeigen, wer sie noch ist, abseits von Jeans und T-Shirt im Alltag. Mama wünscht sich, dass ich auch einen Sari anziehe und bei der einstudierten Choreographie der Paradegruppe mittanze. Ich sehe die Enttäuschung in ihren Augen, als ich mich dagegen entscheide. Es ist der erste Tag meiner Periode und ich stelle es mir unpraktisch vor, mich mit einem Sari durch eklige Dixieklos zu quälen. Ich weiß, dass viele Frauen tagtäglich einen Sari tragen, er kann, wie jedes andere Kleidungsstück, auch bei starker Periode getragen werden – aber ich kann's nicht.

Ich bin in Deutschland mit westlicher Kleidung aufgewachsen. Und meiner Komfortzone am nächsten kommt während meiner Menstruation eine gemütliche Hose. Deshalb trage ich beim Karneval „nur" traditionellen Goldschmuck, stecke mir eine rote Plastikblume ins Haar, ziehe mir einen grünen Eyeliner und werfe mir einen gold-grünen Schal über.

Das Gefühl der Andersartigkeit

Auf dem Weg zum Karneval stehen wir in der Berliner U-Bahn und viele Menschen schauen uns mit bewundernden Augen an. Mama sagt: „Heute ist mal ein Tag, an dem alle schön finden, dass wir diese Kleidung tragen." Das stimmt. Heute beim Karneval der Kulturen im Multikulti-Berlin wird unsere Kultur gefeiert, während sie im Alltag eher für schiefe Blicke sorgt. Blicke, die signalisieren, dass wir offenbar nicht integriert sind, wenn wir diese Kleidung tragen. „Unsere" Kleidung tragen.

Als Kind wollte ich solche Situationen eher vermeiden. Ich mochte es nicht, wenn wir auf dem Weg zu Veranstaltungen unserer Community in den öffentlichen Verkehrsmitteln traditionelle Kleidung trugen, zu oft hatte ich rassistische Vorfälle erlebt, die ich nicht noch aktiv heraufbeschwören wollte. Ich wehrte mich gegen das Gefühl der Andersartigkeit, ganz egal, ob es interessierte oder herabwürdigende Blicke waren. In der Kindheit wollte ich mich an meine Umgebung anpassen, so gut es eben ging. Da ich keinen Einfluss auf meine angeborenen Körpermerkmale habe, versuchte ich, dies mit westlicher Kleidung und Schmuck zu kompensieren.

„Ich wehrte mich gegen das Gefühl der Andersartigkeit, ganz egal, ob es interessierte oder herabwürdigende Blicke waren."

Silberschmuck. Ich habe damals immer nur simplen Silberschmuck getragen. Mit Gold, so fürchtete ich, hätte man mich noch „indischer" beziehungsweise südasiatischer gelesen. Goldschmuck hat eine lange Tradition in der südasiatischen Kultur, aber ich wollte wohl unterbewusst nicht noch mehr dem „indischen Stereotyp" entsprechen als ohnehin schon mit meiner braunen Haut, den langen schwarzen Haaren und dem Goldschmuck. Deswegen trug ich, wie die meisten *weißen* Menschen um mich herum, dezente, silberne Steckerohrringe – oder auch mal fancy Perlenohrringe. Ein großer Kontrast jedenfalls zu dem goldenen, verschnörkelten und auffälligen traditionellen Schmuck aus Bangladesch.

Ich war lange Zeit überzeugt, dass Goldschmuck farblich am besten zu blonden Haaren passt. Wieso? Wenn ich ganz ehrlich bin, war es einfach das, was mein Auge kannte. Um mich herum gab es nämlich größtenteils *weiße* Menschen, und wenn jemand Goldschmuck trug, dann waren es meine blonden Freundinnen. An ihnen fand ich es schön, aber nicht an mir. Mein Schönheitsideal formte sich aus meiner *weißen* Umgebung. Und diesem Schönheitsideal konnte ich nie entsprechen.

Kulturelle Bezüge

Wenn ich auf meine Schulzeit zurückblicke, die sich über fünf verschiedene Schulen erstreckte, fällt mir bei allen eine Gemeinsamkeit auf: Sie waren *weiß*-dominiert. Es gab kaum Menschen in der Schule, mit denen ich mich kulturell identifizieren konnte.

Dennoch war meine engste Bezugsperson auf jeder einzelnen Schule selbst auch eine Person of Color. Ich erinnere mich an meinen ersten Schultag in der dritten Klasse, in der ich meine Freundin Maria, die pakistanische Eltern hat, kennenlernte. Wir waren von Tag eins an Freundinnen. Sofort war klar: Ich sehe dich, ich verstehe dich und ich fühle, was du fühlst. Maria war bis zu meinem Umzug in die nächste Stadt die Person, mit der ich den größten Teil der Zeit verbrachte. Wir konnten uns Dinge aus unserer Kultur anvertrauen, so wie wir es mit niemandem sonst in der Schule konnten.

Während Maria alle paar Wochen im traditionellen Salwar Kameez pakistanische Festlichkeiten besuchte, war ich kaum involviert in die bengalische Community. Mein einziger Bezug zu Bangladesch war die bengalische Sprache, die ich zuhause spreche, das bombastische Essen, die Erzählungen meiner Mutter und die Familienbesuche alle zwei, drei Jahre in Bangladesch. Meine Mama hat mir unsere kulturellen Werte immer bewusst vermittelt. Ich war also lange Zeit fein mit dem kulturellen Bezug, den ich hatte. Ich dachte, ich brauche nicht mehr als das.

Meine Mutter war alleinerziehend, was für bengalische Familien eher ungewöhnlich ist. Sie kommt selbst aus einem weiblichen Haushalt mit drei Schwestern. Ihre Mutter, also meine Oma, war für ihre Generation schon progressiver drauf. Daher hat meine Mama eine gewisse feministische Grundhaltung, was in einem patriarchal geprägten Land wie Bangladesch untypisch ist. Der feministische Akt meiner Mutter, sich von meinem Vater zu trennen und sich wegen misogyner Gerüchte von der Community zu distanzieren, führte dazu, dass sie sich mehr in die deutsche Gesellschaft integrieren und Freund*innen außerhalb der Community finden musste. Ihr blieb keine andere Wahl. Sie lernte die deutsche Sprache, arbeitete Vollzeit und beteiligte sich am Anpassungsgame, um sich und ihr Kind über Wasser zu halten.

Meine Kindheit ist geprägt von Familienstress, Misogynie und finanziellen Schwierigkeiten. Ich lernte recht früh, selbstständig zu sein. Nach dem Abitur reiste ich von meinem Ersparten durch die Welt, zog von zu Hause aus. Wenn ich mit Frauen aus der bengalischen Community spreche, die wie ich in Deutschland geboren und aufgewachsen sind, sind ihre Eltern meist deutlich strenger und ihre Lebenspläne traditioneller als meine. Studium, Hochzeit, Kinder und alles, was dazu gehört, haben einen größeren Stellenwert. Natürlich wurden auch mir diese Werte mitgegeben, aber trotzdem hatte ich immer die Freiheit, mich außerhalb dieser Vorstellungen zu bewegen, was für viele in der bengalischen Gemeinschaft Familiendrama und Diskriminierung bedeutet hätte.

Ich erinnere mich an Situationen in der Kindheit, in denen Freund*innen zu mir sagten, dass sie es beneidenswert finden, dass meine Mama als bengalische Mutter so chillig drauf sei.

Früher habe ich auf solche Aussagen immer geantwortet: „Wenn du wüsstest, wie oft sie rumschreit. So chillig ist sie gar nicht." Inzwischen weiß ich, was diese Freund*innen meinten. Meine Mutter hat mir vieles ermöglicht und viele Freiheiten gegeben. Ich durfte mir blaue Strähnen ins Haar färben, diverse Tattoos und Piercings stechen lassen und auch mal ein Croptop, Shorts oder ein T-Shirt mit Ausschnitt tragen, ohne dass ich groß dafür kämpfen musste. Meine Mama hat selbst immer rote Haare gehabt und Piercings getragen. Sie war mein Vorbild, wenn es darum ging, das zu machen, was mir gefällt. Und das kann auch mal etwas sein, was kulturell vielleicht nicht so erwünscht ist und aus dem Rahmen fällt.

Stereotype und Vorurteile, die ich in mir trage

Prägend sind vor allem meine Reisen nach Bangladesch, die ich alle zwei oder drei Jahre mache, um die Familie meiner Eltern zu besuchen, weil mich jede einzelne Reise in das Land meiner Eltern mehr zu mir selbst führt.

„In Bangladesch trage ich jeden Tag traditionelle Kleidung, goldene Jhumka Ohrringe, einen Bindi auf der Stirn und Churis an den Armen."

Ich lerne jedes Mal einen Teil von mir kennen, den ich vermisst habe, ohne mir dessen bewusst zu sein, einen Teil, dem ich in Deutschland nicht genug Raum gebe. Neben der stickigen Luft, dem Hupen der Autos und dem Stau in der Hauptstadt Dhaka ist Bangladesch für mich vor allem eins: Liebe. Die Farben, die Stoffe, die Natur, die Musik, die Gerüche, das Essen, die Gewürze, die Familie, die Gastfreundlichkeit, die Sprache, die Kleidung – all das bedeutet für mich Wärme, Sehnsucht. Pure Liebe. In Bangladesch trage ich jeden Tag traditionelle Kleidung, goldene Jhumka Ohrringe, einen Bindi auf der Stirn und Churis an den Armen.

Ich erinnere mich, wie meine Tante mal zu mir sagte: „Kantom, du kannst auch hier mit Jeans und T-Shirt rumlaufen." – Und natürlich kann ich das, aber ich möchte es nicht. Diese drei, vier Wochen, die ich alle paar Jahre in Bangladesch verbringe, sind für mich so wertvoll und besonders. Es sind Momente, in denen ich mich frei fühle, mich und meine kulturelle Identität, unter anderem durch Kleidung und Schmuck, zu entdecken und auszudrücken. Natürlich spüre ich auch vor Ort die kulturellen Unterschiede und Defizite, die durch meine deutsche Sozialisation vorhanden sind. Ich spüre, welche Aspekte meiner Kultur ich berechtigterweise, aber auch unberechtigterweise ablehne.

Beispielsweise esse ich in Deutschland nie mit den Händen Reis, obwohl das Geschmackserlebnis so tausendmal besser ist. Ich mache das nicht, weil ich nicht möchte, dass meine Fingernägel gelb werden und nach Curry riechen. Weil ich von meiner *weißen* Umgebung gelernt habe, dass das eklig ist. Die Sehnsucht nach meiner Kultur ist also auch mit der Erkenntnis verbunden, dass ich gewisse Vorurteile und Stereotype in mir trage. Jeder Besuch nach Bangladesch verändert etwas in mir. Jeder Besuch zeigt mir, was mir in Deutschland fehlt.

Die Sehnsucht nach Verbindung

Als ich 21 Jahre alt war, war die Reise nach Bangladesch besonders prägend. Es war die erste Reise, die ich ohne meine Eltern machte. Ich hatte auf dieser Reise einige Freundschaften geknüpft und dabei gemerkt, wie wertvoll es ist, Freund*innen mit demselben kulturellen Hintergrund zu haben. Nach meiner Rückkehr nach Deutschland spürte ich die Sehnsucht nach weiteren solchen Verbindungen: Ich wollte stärker verbunden sein mit meiner Kultur, mit meiner Identität und mit „meinen" Leuten. Ich wollte mehr bengalische Freund*innen, ich wollte mehr Menschen finden, die dieselbe kulturelle Realität wie ich teilen.

Ich suchte also mehr den Kontakt zu deutsch-bengalischen Menschen. Leider stellte ich schnell fest, dass ich mich nicht so richtig zugehörig fühlte und auch nicht so richtig von ihnen aufgenommen wurde. Es machte mich traurig, denn ich wollte diese Freundschaften, hatte aber einmal mehr das Gefühl, mich verstellen zu müssen. Die Mentalität schien zu anders zu sein. Ich konnte mich mit meinem linken und feministischen Wertebild nicht mit den konservativen Ansichten einiger Menschen in der bengalischen Community identifizieren. Meiner Mutter war es ähnlich ergangen. Immer wieder hatte sie versucht, sich mit Bengal*innen zu connecten, aber sie merkte oft, dass da große Werteunterschiede bestehen.

Als ich mit 23 Jahren nach Berlin zog, fühlte ich mich dann endlich angekommen. Diese Stadt ist voller Möglichkeiten, voller Gleichgesinnter und voller Menschen mit Migrationshintergrund. Hier kann jede*r sein, wer er/sie/they möchte. Endlich muss ich mich nicht mehr in primär *weißen* Räumen bewegen, in denen ich mich mein Leben lang nicht ganz verstanden oder gesehen gefühlt habe. Ich habe eine vielfältige Freundesgruppe aufgebaut, mit Menschen aus den unterschiedlichsten Migrationshintergründen. Besonders freue ich mich, gleichsinnte Freund*innen aus der südasiatischen Diaspora gefunden zu haben, nach denen ich mich jahrelang gesehnt habe. Diese Freund*innen sehe ich vielleicht nicht oft, aber ich weiß, dass ich immer auf sie zählen kann. Wir verstehen uns, ohne uns groß erklären zu müssen – wie mit Maria in der Schulzeit.

Unsere Hautfarbe, unsere Körper und unsere Kultur verbinden uns. Ich bin dankbar, endlich Räume gefunden zu haben, in denen ich mich nicht mehr verstellen muss. Die bengalische Community in Berlin ist für meine Mutter und mich ein Ort, der uns mit Menschen aus unserer Kultur verbindet. Wir nehmen wieder häufiger an bengalischen Veranstaltungen teil, und ich habe regelmäßig die Gelegenheit, traditionelle Kleidung wie einen Sari zu tragen. Es bereitet mir große Freude, diese Kleidung mehr für mich zu entdecken. Ich fühle mich stärker mit meiner Kultur verbunden, weil ich meine Herkunft zeigen kann, ohne mich verstecken zu müssen.

Deutsch und Bengalisch

Meine Mutter ist am Morgen des Karnevals der Kulturen so aufgeregt, weil sie einen Ort gefunden hat, an dem sie stolz ihre bengalische Kleidung, Tradition, Musik und Tänze zeigen kann – mitten in Berlin vor der *weißen* Mehrheitsgesellschaft. In Mamas Bewegungen erkenne ich, wie sehr sie das Tanzen zu Bangla-Musik vermisst hat. Ihre Augen sind geschlossen, und der Rhythmus durchdringt ihren ganzen Körper.

Dieses Gefühl von Fallenlassen, Sicherheit und Sichtbarkeit ist an einem Ort wie Berlin möglich. Hier kann man freier mit Kleidung experimentieren und Individualität ausdrücken.

Ich habe in Berlin angefangen, traditionelle Elemente wie bengalischen Schmuck in meine westlichen Outfits zu integrieren. Ich traue mich, meinen eigenen Stil zu finden und beide Identitäten zu kombinieren. Ich habe nicht mehr das Gefühl, mich anpassen zu müssen. Ich finde es inzwischen sogar schön, dass ich manchen südasiatischen Stereotypen entspreche, wie beispielsweise, dass ich Nasenringe trage, aber gleichzeitig diese Stereotype durch blau gefärbte Haare und Tattoos breche. Es hat lange gedauert, bis ich realisiert habe, dass meine Liebe zu Silberschmuck aus einer Ablehnung meiner Kultur entstanden ist. Nun versuche ich, mehr Goldschmuck zu tragen, auch wenn ich mich damit noch unwohl fühle. Ich bin noch mitten im Prozess. Über diese Themen der kulturellen Identitätsfindung spreche ich oft auf meinen Social-Media-Kanälen und merke, dass es vielen Südasiat*innen ähnlich geht.

Ich glaube, es war genau richtig, dass ich beim Karneval der Kulturen traditionelle und westliche Elemente in meinem Karnevalsoutfit kombiniert habe, anstatt einen Sari zu tragen. Meine Hose symbolisierte meine deutsche Seite, meine Komfortzone. Mein Schmuck und meine Accessoires symbolisierten meine bengalische Seite, die ich noch immer Stück für Stück entdecke. Mein Äußeres spiegelt den inneren Prozess, mich mit beiden Seiten meiner Identität zu verbinden und der Welt zu zeigen, wer ich bin: deutsch und bengalisch.

Vielleicht bin ich irgendwann so weit, dass ich mit einem Sari durch ganz Berlin tanze.

Ein Spektrum ist keine Skala

Die Gefahr von Geschlechterklischees bei der Diagnostik von ADHS und Autismus

JASMIN DICKERSON

Ich kann mich an vieles aus meiner Kindheit gut erinnern: unsere erste Wohnung in Frankfurt-Ginnheim, den ersten Tag im neuen Kindergarten im Saarland nach unserem Umzug und dass ich damals schon lesen konnte. Ich habe mich gleich auf die Bücher gestürzt und meine Mutter beim Verabschieden gar nicht mehr registriert. Da war ich vier Jahre alt.

Gelesen habe ich aber schon mit zwei oder drei Jahren. Aufgefallen war das meiner Mutter im Auto, als ich in meinem Kindersitz das Wort „Umleitung" quäkte, woraufhin sie sich furchtbar erschrak. Wenn man meine Mutter fragt, wie ich als Kind war, erzählt sie immer, dass ich willensstark, aber auch furchtbar schüchtern und ängstlich war; dass ich nie kuscheln wollte, dafür aber sehr früh diskutieren und nein sagen konnte. „Warum" war eines meiner liebsten Worte. Und bei lauten Geräuschen habe ich mir immer die Ohren zugehalten.

Meine Mutter sagt, ich sei wortgewandt und wissbegierig gewesen, motorisch hingegen weit zurück. Ich bin nicht sicher gelaufen und ständig hingefallen. Feinmotorisch bin ich bis heute nicht besonders gut: Ich kann zum Beispiel nicht Fahrrad fahren und habe spät schwimmen gelernt. All diese Dinge können besonders in Kombination auf eine Neurodivergenz bei Kindern hinweisen. In meinem Fall sind das ADHS und Autismus. Diese Diagnosen hatte ich zum damaligen Zeitpunkt aber noch nicht. Früher wurden ADHS und Autismus nicht zusammen diagnostiziert, da nach damaligem Forschungsstand die eine Diagnose die andere ausschloss. Mittlerweile ist das aber widerlegt: Heute erhält ein hoher Prozentsatz der autistisch diagnostizierten Menschen später noch eine ADHS-Diagnose, und umgekehrt.

ADHS wie Autismus sind, anders als viele denken, keine psychischen Störungen, die im Laufe des Lebens erworben werden, sondern angeborene sogenannte neurologische tiefgreifende Entwicklungsstörungen. Deshalb kann auch die Diagnostik nicht in jeder Psychotherapie-Praxis erfolgen, sondern muss an dafür vorgesehenen Stellen mit entsprechender Expertise stattfinden.

Die Diagnostik ist kompliziert, in Teilen veraltet und vor allem langwierig, mit teils jahrelangen Wartezeiten, besonders für Erwachsene, da man früher vor allem bei ADHS davon ausging, dass sich die Störung „verwächst". Auch das ist mittlerweile widerlegt. Problematisch wird die Diagnostik vor allem, wenn Fachpersonal nicht auf dem neuesten Stand ist und nach einem Symptomkatalog vorgeht, der bei Spektrumstörungen keinen Sinn macht, denn: Ein Spektrum ist keine Skala.

Die vielen Regeln, die ich nicht verstanden habe

Meine Mutter sagt, ich sei ein glückliches Kind gewesen, bis ich in die Schule kam. Ich erinnere mich noch gut an die Grundschule. An die vielen Regeln, die ich nicht verstanden und an die Schubladen, in die ich nicht reingepasst habe. In meinem ersten Zeugnis standen zwar nur gute Noten, allerdings wurde damit gedroht, dass ich der Schule verwiesen werde, wenn ich nicht lerne, mich zu mäßigen und mich an Regeln zu halten. Ich war verhaltensauffällig, habe diskutiert und bekam „Wutanfälle", die eigentlich autistische Meltdowns waren.

Der Unterschied von einem Wutanfall zu einem autistischen Meltdown mag zwar von außen schwer erkennbar sein, jedoch ist bei einem Meltdown nicht Wut, sondern Verzweiflung und Überforderung der Träger: Meltdowns sehen bei jeder autistischen Person anders aus. Bei mir kocht alles über, ich bin nicht mehr in der Lage gut zu kommunizieren und rede immer schneller, bis ich anfange zu schreien oder zu weinen. In schlimmen Fällen schlage ich mir gegen den Kopf und beiße mich selbst.

Während der Schulzeit habe ich mich Regeln widersetzt und kannte keinen „Respekt" vor Autoritäten. Oft geschah das aus Überforderung oder weil ich den Sinn in der Regel nicht gesehen habe. Meine Mitschüler*innen soll ich zu Unfug „angestiftet" und den Unterricht wiederholt gestört haben. Also meldete meine

Mutter mich beim Sozialpädiatrischen Dienst an: meine erste Diagnostik. Da ging es aber nur darum, meinen IQ herauszufinden, wegen Verdacht auf Hochbegabung. Der Verdacht bestätigte sich, geändert hat diese Diagnose aber nichts. Es gab weiterhin massive Probleme in der Schule, weil ich mich langweilte.

Auch in der Betreuung traten Schwierigkeiten auf, da ich mich nicht „benehmen" konnte und ein gestörtes Essverhalten zeigte; ich konnte bestimmte Nahrungsmittel oder deren Zubereitungsweise nicht ertragen. Das führte oft zu Strafen wie Nachsitzen, bis ich den Teller leer gegessen hatte, oder dem Lösen eines Puzzles. Wegen fehlender Feinmotorik und eingeschränktem räumlichem Einschätzungsvermögen (und vermutlich, weil ich ein Kind war) waren Puzzles mitunter das Schwierigste, was man mir vorlegen konnte – das ist bis heute so. Mit der „Diagnose" Hochbegabung wurde ich zunehmend als hochnäsig und arrogant betitelt. Zu dem Zeitpunkt war ich nicht einmal sieben Jahre alt.

„Niemand wusste, was mit mir ‚nicht stimmt',
also gab es keine Hilfe, keine Erleichterung und
schon gar keine Diagnose."

Keine Hilfe, keine Erleichterung und schon gar keine Diagnose

Meine Ausbrüche und all meine Defizite wurden schließlich auf meine alleinerziehende Mutter geschoben. Als Hilfe wurde ihr angeboten, mit mir für mehrere Wochen in die psychiatrische Kinderklinik zu gehen. Meine Mutter konnte sich jedoch nicht so lange frei nehmen, wie es für einen solchen Aufenthalt nötig gewesen wäre. Das Verhältnis zu meiner Mutter litt massiv unter dieser Last. Niemand wusste, was mit mir „nicht stimmt", also gab es keine Hilfe, keine Erleichterung und schon gar keine Diagnose.

Als ich nach der Grundschule auf dem Gymnasium scheiterte und aus dem Internat, das zum Gymnasium gehörte, ausziehen musste, wurden die Konflikte zu Hause immer unerträglicher. Meine Ausbrüche und Meltdowns waren für meine Mutter nicht mehr tragbar. Also holte sie sich Hilfe beim Jugendamt. Die Empfehlung: eine betreute Wohngruppe für Kinder und Jugendliche. Gesagt, getan. Ich musste mit 14 Jahren von zu Hause ausziehen und mit schwer traumatisierten Kindern und Jugendlichen zusammenleben. Mittlerweile wurde ich auf der Hauptschule, die ich nun besuchte, stark gemobbt und hatte jeden Tag Angst, zur Schule zu gehen. Was meine Mutter und ich stattdessen gebraucht hätten, wären eine Diagnose und die zugehörigen Hilfen gewesen. Einen Pflegegrad, eine Schulhilfe, Verständnis und Inklusion. Stattdessen wurde ich in einer Wohngruppe geparkt, ohne Therapie, ohne Perspektive und ohne zu wissen, warum ich bin, wie ich bin. Die Schule habe ich schließlich ohne Abschluss verlassen.

Was folgte, waren Jahre der Verzweiflung und Desorientierung mit Drogen, Alkohol und Klinikaufenthalten. Meinen 18. Geburtstag habe ich in einer psychosomatischen Kurklinik gefeiert. Diagnostiziert wurden Depressionen, Angst, eine Panikstörung und eine „emotionale Entwicklungsstörung". Trotz der offensichtlichen Symptome hat nie jemand ADHS oder gar Autismus erwähnt. Ich bin also weiterhin ständig angeeckt, mir wurden Aggression, Tyrannei und Hysterie unterstellt und mir wurde wiederholt gesagt, ich solle mich ändern, nicht so faul sein, ich könnte, wenn ich wollte, ich wolle nur nicht genug. Deshalb würde ich auch ständig scheitern.

Das veränderte mich. Ich wusste nicht, wer ich bin, kannte meine eigenen Grenzen nicht und begann, mich zu hassen. Ich fühlte mich nirgends zugehörig und furchtbar einsam. Auch unter Menschen. Also baute ich mir eine Persönlichkeit auf, die andere erträglicher oder zumindest leichter verständlich fanden. Und weil ich nicht das stille angepasste Mädchen spielen wollte, wurde ich zur Rebellin, habe alles und jeden abgelehnt, und zwar lautstark. Das war meine Persona: laut, wütend, herausfordernd, frech und aufmüpfig, immer bereit für den nächsten großen Konflikt. Darunter versteckt ein verängstigtes und verstörtes Kind, das nicht versteht, warum es so viel Ablehnung erfährt und was mit ihm nicht stimmt.

„Zu tief saß der Glaubenssatz, dass ich nur faul und unfähig sei, dass eine Diagnose nur eine Ausrede wäre und Leute glaubten, ich wolle mich wichtigmachen."

Erstmals auf ADHS hatte mich meine Mutter aufmerksam gemacht, als ich etwa 18 Jahre alt war. Sie hatte ein Buch zu dem Thema gekauft. Es sollte trotzdem noch weit bis in meine Zwanziger dauern, bis ich mich intensiv mit ADHS auseinandersetzte und den Verdacht hegte, dass ich neurodivergent sein könnte. Zu tief saß bis dahin der Glaubenssatz, dass ich nur faul und unfähig sei, dass eine Diagnose nur eine Ausrede wäre und Leute glaubten, ich wolle mich wichtigmachen. Als ich den Verdacht auf Neurodivergenz irgendwann äußerte, wurde mir auch genau das gespiegelt. Aber nicht ausschließlich: In meinem Freundeskreis fand ich viele Menschen, denen es ähnlich ging. In Berlin hatten wir „rejects" uns alle irgendwie gefunden, und zum ersten Mal, seit ich denken konnte, fühlte ich mich nicht wie ein Alien unter Menschen. Ich hatte erst einmal keinen Bedarf, mich diagnostizieren zu lassen und auch immer wieder Zweifel, da die autistischen Symptome nicht mit ADHS übereinstimmten.

Genderklischees in der Medizin

Erst als ich Mutter wurde und mit 32 Jahren wieder zurück aus Berlin ins Saarland kam, wo ich die gleiche Einsamkeit und Unzugehörigkeit erfuhr wie zuvor, machte ich mich auf den Weg zur ADHS-Diagnostik. Meine Autismus-Diagnostik wiederum brachte später die Leiterin der Frühförderung meiner Tochter ins Rollen. Sie sprach mich auf das Thema an, da ihre Tochter Autistin ist und sie viele Parallelen bei uns beiden gesehen hatte.

Im Alter von 33 Jahren habe ich die ADHS-Diagnose und ein Jahr später die Autismus-Diagnose bekommen. Als ich endlich wusste, warum ich bin, wie ich bin, habe ich erst einmal getrauert: um die Beziehung zu meiner Mutter, um meine Familie, die um Hilfe, Zuspruch und Unterstützung gebracht wurde, um mein kleines Ich, mein Teenager-Ich und um alle, die so viel leiden mussten, weil niemand sehen wollte und konnte, was immer so offensichtlich war.

Ich frage mich oft, wie es eigentlich sein kann, dass ein so offensichtlich (körperlich wie auch psychisch) verhaltensauffälliges Kind keine Diagnose bekommen hat. Die kurze Antwort könnte lauten: Weil ich weiblich bin und weil Mädchen auch heute noch grundsätzlich andere Verhaltensweisen zugeschrieben werden als Jungs. Auch in der Medizin. Lange wurden Mädchen und Frauen nicht mit ADHS oder Autismus diagnostiziert, weil Fachleute davon ausgingen, dass nur Jungen und Männer ADHS haben oder autistisch sein können. Nicht nur, aber auch deshalb, weil Jungs und Männer anders sozialisiert sind und sich die Symptome oft anders zeigen. So wird Jungen eher zugeschrieben, aggressiver, hyperaktiver, aufmüpfiger zu sein als Mädchen mit ADHS/Autismus. Während Mädchen eher als angepasst, verträumt, tollpatschig und schüchtern gelten. Autistische Jungen gelten als mathematisch interessiert und wortkarg, Mädchen eher nicht.

Diagnostik muss diverser werden

Momentan wird viel über die ADHS- und/oder Autismus-Diagnostik bei Mädchen und Frauen gesprochen. Dass auf andere Dinge geachtet werden muss, weil weiblich sozialisierte Kinder anders auffallen. Und so wichtig ich es finde, die Diagnosekriterien anzupassen, sodass eben nicht nur kleine Jungs diagnostiziert werden, die Züge und Zahlenreihen faszinierend finden und die nicht sprechen: Es ist eben auch wichtig, nicht den Fehler zu machen, statt einer nun zwei gegenderte Stereotypen zu haben, an denen sich zukünftig orientiert wird. So fallen Kinder wie ich eines war wieder durchs Raster. Denn auch wenn ich ein Mädchen war, habe ich nicht verträumt aus dem Fenster geschaut, war ich nicht freundlich und gefügig und bin erst zu Hause eskaliert. Ich wirkte nicht schüchtern und ich war ganz sicher nicht still, leise und in mich gekehrt.

Wenn wir wollen, dass sich etwas an der Diagnostik und den Diagnosekriterien ändert, sollten wir auch hier die „blau-rosa Falle" bedenken und nicht zu sehr in streng binäre Muster fallen. Es gibt Jungs, die aus dem Fenster schauen, die still und gefügig und trotz-dem neurodivergent sind. Es gibt aggressive und argumentative Mädchen, die neurodivergent sind. Und es gibt noch so viel mehr. Eine Gesellschaft, die inklusiv sein will, muss sich auch in der Medizin und Diagnostik in Richtung Vielfalt weiterentwickeln. Nur dann ersparen wir vielen Menschen, vielen Familien einen so steinigen Weg, wie ich ihn gehen musste.

Könnte ich meinem jüngeren Ich mit dem heutigen Wissen ein paar Dinge sagen, wären das diese:

„Du bist nicht falsch, du bist nicht kaputt, du bist liebenswert."

„Du brauchst bei einigen Dingen Hilfe und Unterstützung, das macht dich weder faul noch anstrengend."

„Du wirst immer für dich einstehen und kämpfen müssen, aber es wird dich anderen gegenüber empathischer machen, gib nicht auf, es lohnt sich."

„Ich hab' dich lieb. Genauso wie du bist."

„Da müssen Sie jetzt leider so durch"

Warum Wechseljahre kein Tabuthema sein dürfen

FIONA ROHDE

Es ist Winter. 5 Grad. Mir ist heiß. Ausziehen. Anziehen. Ausziehen. Wie im Frühjahr, wenn die Sonne hinter den Wolken auftaucht und verschwindet, kalt und heiß. Nur halt ohne Sonne. Das muss ziemlich witzig aussehen, denke ich mir. Weil es so absurd ist.

Nachts hingegen ist das nicht so lustig. Wenn ich mal wieder aufwache und die Bettdecke von mir wegtrete. Und dann einfach da liege und weiß, dass das jetzt wieder für eine Stunde so sein wird. Das Wachsein. In fünf bis zwölf Jahren soll es besser werden. Oder in sieben. So habe ich es gelesen. Und niemand, exakt niemand, hat dich auf das hier vorbereitet. Die Wechseljahre sind, mit Verlaub, zum Kotzen. Sie passieren – ohne Ankündigung und Bedenkzeit. Und das hier ist erst der Anfang!

In der Werbung gießen sie hellblaue Flüssigkeit in riesige Binden. Man sieht Frauen, die Angst haben, Sport zu machen oder enge Sachen zu tragen, weil man ihre Blasenschwäche bemerken könnte. Da ist diese Frau, die beim Yoga ihre positive Energie fließen lassen soll: „Ich mach mir eher Sorgen, dass etwas anderes fließt", sagt sie. Das Ganze soll lustig und locker klingen. Nimm XY und alles ist wieder in perfekter Ordnung. Das ist die Lösung im Werbespot. Und im realen Leben? Wo ist da der super Tipp, wenn der Körper plötzlich aus den Fugen gerät? Und die Psyche direkt mit?

Uups-Momente und andere Ärgernisse

„Erfahren Sie, wie man Uups-Momente beim Niesen vermeidet, warum man Meerrettich essen sollte und wie man mit einer Quietscheente richtig atmet!", steht in der Mail zu einem Buch, das Frauen während der Wechseljahre helfen soll. Uups-Momente also, die man mit Gummienten und Meerrettich bekämpft. Die nächste Mail zum Thema empfiehlt Rotklee.

Der Gegner von Rotklee und Entchen hat es allerdings in sich: Herz-Kreislauf-Erkrankungen. Osteoporose. Depressive

Phasen. Muskelschwund. Antriebslosigkeit und dünner werdendes Haar.

Obwohl das Thema nach wie vor in unserer Gesellschaft eher totgeschwiegen wird, hat die Industrie die derart geplagte Frau längst erspäht und erfreut sich an den Umsätzen für Cremes gegen Scheidentrockenheit, Mittelchen gegen Schweißausbrüche und erschlaffende Beckenböden. Sowieso gibt es dieses Bild der Frau in den Wechseljahren: Sie hat Hitzewallungen, dazu eine trockene Vagina und Urin im Schlüpfer. Ja, herzlichen Dank auch!

Ein Schreckgespenst

Die Wechseljahre sind für viele ein Schreckgespenst. Auch für mich gab es immer die Frauen davor und danach. Wie durch eine Schleuse gingen sie alle hindurch – und kamen am anderen Ende verändert und gealtert wieder heraus.

Habe ich viel darüber gelesen? Nein. Ich habe wenig gefunden. Bis auf dieses (ohne Frage sehr informative) Buch, wo die drei weiblichen Hormone als Charlie's Angels dargestellt werden. Da habe ich direkt wieder aufgehört zu lesen. Warum immer dieser leicht humorige Umgang mit einem derart einschneidenden Thema?

Magazine empfehlen Hormone, die auf die Haut geklebt, gecremt, geschluckt oder was auch immer werden. Aber was, wenn man genau so etwas nicht nehmen darf? „Sie müssen da leider einfach so durch", hat die Gynäkologin gesagt. Also ohne Hormone.

Ich spreche mit anderen Frauen und merke, dass nicht jede darüber reden möchte. Dass viele ihre Symptome noch herunterspielen. Nur wenige sind so offen wie eine Freundin, die erzählt, dass sie immer dachte, in den Wechseljahren würde die Periode einfach ausbleiben – und stattdessen hat sie an manchen Tagen im Monat das Gefühl zu verbluten. Das hatte ihr so auch niemand gesagt.

Was kommt nach Sex und Reproduktionsfähigkeit?

Fakt ist: Noch immer wird das Thema tabuisiert. Weil sich Weiblichkeit eben so gut macht, mit einem schönen Äußeren und dazu dieser beeindruckenden weiblichen Fähigkeit, fruchtbar zu sein und Leben schenken zu können. Sex und Reproduktionsfähigkeit, wie die Deutschlandfunk-Nova-Reporterin Fanny Kniestedt mal recht treffend gesagt hat. Das ist die scheinbar einzige Währung, die zählt. Kein Wunder also, dass sich Schweigen um einen hüllt, wenn man aus diesem Pott rausfällt. Dem Pott der Gebärfreudigen und Jugendlichen.

„Altern ist einfach nicht drin in dieser Gesellschaft."

Anders als die Autorin und Gynäkologin Sheila de Liz, die sagt, dass man mit den ersten hormonellen Veränderungen und dem Wissen darüber die Weichen für eine deutlich bessere Gesundheit von Frauen im Alter schaffen könnte, wird über das Tabuthema Menopause oftmals nur dann gesprochen, wenn es darum geht, es unsichtbar zu machen: Nicht bluten. Nicht auslaufen. Nicht die Spannkraft der Haut, die Fülle der Haare oder gar Urin verlieren. Altern ist einfach nicht drin in dieser Gesellschaft. Man denke nur an all diese Produkte mit dem eigentlich unsäglichen Namen „Anti Aging". Als sei es kein Geschenk, alt werden zu dürfen, sondern ein Kampf. Den Tiegel dieser Cremes, Seren und Fluids halten dann 20-Jährige in die Kamera. Nicht mal da ist sie sichtbar, die Frau, die sich erdreistet, älter zu werden. „Altern wird wahrscheinlich bald heilbar", lese ich auf einem Plakat einer Partei. Diesmal ohne Bild.

Das hier ist kein Nischenthema

Mittlerweile gibt es viele, die umdenken und die Wechseljahre als Befreiung der Frau feiern. Menopositivity. Ich finde das toll und lobenswert, aber wenn ich ehrlich bin: Für mich ist es keine Befreiung, mich mit all den körperlichen und psychischen Veränderungen anzufreunden, die schneller kommen als damals die Pubertät. Während einige Frauen wenig oder kaum Beschwerden haben, hat ein Drittel der Frauen starke Symptome, die den normalen Alltag einschränken und eine medizinische Behandlung sinnvoll machen.

Es würde helfen, wenn man mehr darüber wissen würde. Und wenn der Gedanke an die Wechseljahre und all das etwas Normales wäre, weil eben alle Frauen das irgendwann durchmachen. Das hat die stellvertretende Vorsitzende der CDU/CSU-Bundestagsfraktion Dorothee Bär sehr schön formuliert. Auf die Frage eines Mannes in einem Interview, warum sie sich denn mit solchen „Nischenthemen wie den Wechseljahren" beschäftigen würde, sagte sie laut MDR: „50 Prozent der Bevölkerung sind für mich keine Nische". Zumal unsere Gesellschaft immer älter wird und wir im Jahr 2025 weltweit über eine Milliarde betroffener Frauen haben werden.

Das Wissen zu all dem fehlt nicht nur den betroffenen Frauen. So spielt das Thema in der Ausbildung von Gynäkolog*innen nur eine untergeordnete Rolle. Im Grundstudium Medizin wird es gar nicht behandelt. Auch die Forschung interessiert sich wenig bis gar nicht für das Thema. Das zeigt mal wieder, als wie wenig wichtig Frauengesundheit in unserer Gesellschaft erachtet wird. Ganz nebenbei: Ärzt*innen erhalten für eine Behandlung bezüglich der Wechseljahre 16,89 Euro pro Quartal, und zwar egal, wie oft die Patientin zur Untersuchung kommt.

In ihrem Buch „Die gereizte Frau" plädiert die Autorin Miriam Stein übrigens dafür, den Begriff Wechseljahre durch Klimakterium zu ersetzen, da dieser „im Gegensatz zur ‚Menopause' oder den ‚Wechseljahren' nicht von über 300 Jahren Mythen und Missverständnissen geprägt [sei]".

„Kein Mann würde das ertragen"

Wen also wundert es, dass die Symptome des Klimakteriums oft nicht erkannt werden, wenn Frauen zur*zum Ärzt*in gehen, dass Frauen allein vor sich hin leiden und versuchen, einfach weiter zu funktionieren?

„Wie kann man in so einer Zeit mit solchen technischen Möglichkeiten noch Menschen, die permanent sehr beeinträchtigende Beschwerden haben, erklären, sie müssten das aushalten, weil das etwas ganz Natürliches sei? Kein Mann würde das ertragen", sagte die Autorin Miriam Stein in einem Interview mit der „taz".

„Wir alle dürfen und sollten mehr darüber reden.
Weil es normal sein sollte, dass man alt wird – und kein
Versagen oder Verschwinden."

Deshalb sind alle heutigen Projekte, die dem Thema mehr Sichtbarkeit geben wollen, so wichtig – wie „Wir sind 9 Millionen" von Miriam Stein. Wir alle dürfen und sollten mehr über die Wechseljahre reden! Weil es normal ist, dass man alt wird – und kein Versagen oder Verschwinden. Und darüber, dass die Wechseljahre auch nicht eine kurze Phase sind, durch die wir mal eben durchmüssen. Wenn man daran denkt, dass diese „Phase" bis zu zwölf(!) Jahre dauert, sollte klar sein: Niemand sollte zwölf Jahre lang vor sich hin leiden, ohne das Gefühl zu haben: Hey, das geht verdammt vielen so. Wir müssen uns nicht verstellen. Und nicht neu erfinden. Vor allem aber dürfen wir uns nicht unsichtbar und wertlos fühlen.

„Die weibliche Biologie darf kein Insiderwissen sein"

Wir sollten deshalb mehr und offen über die Wechseljahre sprechen. Das sagte auch Sheila de Liz in einem Interview mit EDITION F: „Die weibliche Biologie darf kein Insiderwissen sein.

(…) Frauen leiden nur, wenn wir nicht über die Wechseljahre sprechen, wenn wir die gesundheitlichen Gefahren ignorieren und totschweigen." Teilen wir also unsere Informationen, unsere Gedanken, Ängste und unsere Wut, egal welcher Generation wir angehören, welche sexuelle Orientierung wir haben und wie es um unseren aktuellen Hormonstatus bestellt ist. Wir sind mehr als die Hälfte der Weltbevölkerung. Machen wir viel mehr daraus. Hilfe kommt zuallererst aus uns selbst heraus. Die Menopause mit all ihren sichtbaren Veränderungen wäre für Frauen der Moment, sich endlich zu befreien von der ungesunden Kopplung ihres Wertes und ihrer gesellschaftlichen Stellung an eine Hülle. Sich zu wehren gegen dieses starre Konstrukt, das sie an Äußerlichkeiten und vermeintliche Ideale fesselt und das ihnen einen Wert zuteilt, der sich nach Parametern wie Fruchtbarkeit und Jugendlichkeit bemisst.

Wenn wir nicht laut sind, sorgen wir dafür, dass dieses Bild immer weiter reproduziert wird. Das Absurde ist ja: Niemand zwingt uns von außen ein Korsett auf, sondern wir haben uns längst angepasst. Oder schlimmer noch: Wir bedienen diese Maschinerie sogar selbst. Unbewusst und ungewollt. Gerade, weil sich der toxische Gedanke einer weiblichen „Wertigkeit" aus so vielen kleinen einzelnen Splittern zusammensetzt, die tief in der Haut sitzen. Unser Alltag ist durchsetzt mit diesen Splittern. Und ja, es ist anstrengend und mitunter schmerzhaft, sie alle nach und nach zu entdecken und herauszuziehen. Aber wenn man sie dann alle entfernt hat, ist das klare Erkennen dieses Unsinns, dem sich Frauen unterwerfen sollen, unfassbar gut – und befreiend.

Fuck the System!

Warum der Kita-Notstand für Frauen ein Schlag ins Gesicht ist

ANN-KATHRIN SCHÖLL

Im März 2023 hat Außenministerin Annalena Baerbock eine 80-seitige Leitlinie vorgestellt, die das Thema Feminismus zum Arbeitsprinzip ihrer Außenpolitik machen sollte. Ein überfälliger und wichtiger Schritt. Innenpolitisch scheint das Thema Feminismus dagegen wenig Aufmerksamkeit zu bekommen.

Anders kann ich mir jedenfalls nicht erklären, warum Eltern deutschlandweit vor einer existenziellen Notlage stehen: Sie finden keinen Betreuungsplatz für ihre Kinder. Bundesweit fehlen nach Berechnungen der Bertelsmann Stiftung aktuell mehr als 400.000 Kita-Plätze. Warum das insbesondere für Frauen ein Schlag ins Gesicht ist, aber letztlich alle darunter leiden, will ich hier erklären.

Ich bin Anna, 33 Jahre alt und Chefin. Ich gehöre damit zu den gut 29 Prozent Frauen, die laut Statistischem Bundesamt in deutschen Führungsetagen zu finden sind. Noch dazu verdiene ich mehr als mein Partner, was mich angesichts des in Deutschland noch immer vorherrschenden Gender-Pay-Gaps zu einer seltenen Spezies macht. Ich bin aber nicht nur Chefin und Partnerin, ich bin – und das zuallererst – Mutter eines fast zweijährigen Sohnes.

Hätte man mich vor zwei Jahren gefragt, ob sich Job und Mamasein vereinbaren lassen, hätte mein naives Ich gesagt: „Wenn man das will, schafft man das auch". Damals dachte ich, es wäre eine Sache des Willens und des Einsatzes, ob wir Frauen und Mütter beruflich erfolgreich sind oder nicht. Ich habe mich über Kolleginnen geärgert, die schon wieder nicht arbeiten konnten, weil das Kind den vierten Infekt in Folge hatte. Ich konnte nicht verstehen, warum manche Mütter mit nur so wenigen Stunden pro Woche wieder eingestiegen sind. Wie ignorant, wie unreflektiert!

Am liebsten würde ich mein damaliges Ich kräftig durchschütteln. Denn heute stehe ich hier, mit dem Handy am Ohr und Wutтränen in den Augen. Gerade hat mir die 13. Kita, bei der wir uns für eine Betreuung ab dem Sommer beworben haben, eine Absage erteilt.

„Der Kita-Notstand in Deutschland zwingt Frauen in die Hausfrauenrolle und vergrößert die Schere zwischen Männern und Frauen im Berufsleben."

Dass das Kita-System insbesondere in Großstädten kaputt ist, davon hat man gehört. Auch, wenn das Thema in den Medien eher eine Randnotiz ist. Wenn man dann aber selbst drinsteckt, wird einem das Ausmaß der Misere erst bewusst.

Egal ob in unserer Heimatstadt Bonn, in München, Hamburg oder Berlin – in unzähligen deutschen Städten und Kommunen gibt es viel weniger Kita-Plätze als Kinder. Der Grund ist ein Zusammenspiel verschiedener Faktoren. Mangel an Erzieher*innen, eine Job-Flucht als Folge der Coronapandemie und wahrscheinlich zu lange zu wenig Geld für Kitas von Bund, Ländern und Kommunen. Die Scheiße kam mit Ansage geflogen und trotzdem wurde nicht rechtzeitig und vor allem beherzt entgegengesteuert.

Der Kita-Notstand ist beschämend für den Feminismus in Deutschland. Denn was tun, wenn es keine Kita-Plätze gibt? Wo keine Fremdbetreuung aufzutreiben ist, muss eben Mama ran, die arbeitet ja eh nur Teilzeit.

Mütter in der Teilzeitfalle

In den allermeisten Familien in Deutschland ist es tatsächlich die Mutter, die finanziell und beruflich zurücksteckt, sobald sich Nachwuchs ankündigt (und manchmal sogar schon davor). Die lange Elternzeit macht in der Regel immer noch Sie, während Er recht schnell wieder voll arbeiten geht. Der Grund ist oft nicht, dass sich der Vater weniger kümmern will. Er verdient schlichtweg mehr.

Dass Er weniger arbeitet als Sie, macht also für die Haushaltskasse keinen Sinn. Erst, wenn das Kind einen Betreuungsplatz hat, der in vielen Bundesländern noch immer kostenpflichtig ist, startet der Wiedereinstieg für die Mutter. Und das bei 66 Prozent der erwerbstätigen Mamas „nur" in Teilzeit, wie eine Auswertung des Statistischen Bundesamts zur Teilzeitquote ergeben hat. Die an sich schon große Schere zwischen Männern und Frauen im Berufsleben wird dadurch noch größer.

Nicht nur, dass Frauen in Teilzeit seltener Führungspositionen angeboten werden (ich bin hier wohl als glückliche Ausnahme der Regel zu sehen), sie bekommen auch seltener Bonus-Zahlungen als (männliche) Vollzeitangestellte, wie die Auswertung des Bundesarbeitsministeriums zeigt. Da zerreißt man sich doch gerne zwischen Kind und Karriere, oder?

Ach, und ich habe noch etwas vergessen: Stichwort Kinderkrankengeld. Ist das Kind krank, bleibt meist Mama zu Hause. Sie bekommt dann in der Regel 90 Prozent ihres Nettogehalts durch die Krankenkasse ausgezahlt.

Und jetzt kommt die Krux: Es kann auch 100 Prozent des Nettogehalts geben. Aber nur dann, wenn der Arbeitnehmer (ich nutze hier bewusst die männliche Form) in den letzten zwölf Monaten Zusatzleistungen wie Urlaubs- oder Weihnachtsgeld erhalten hat. Mehr Geld bei mehr Geld also. Aber wer macht denn größtenteils die Jobs, die meist besser bezahlt sind und häufiger Zusatzleistungen enthalten? Männer in Vollzeit.

Keine Betreuung, kein Job, keine Altersvorsorge

Die Haushaltsökonomin Uta Meier-Gräwe schreibt im „Handelsblatt", dass einer Prognos-Studie von Februar 2024 zufolge „Frauen mit durchschnittlich mehr als 39 Stunden Sorgearbeit bereits einen Vollzeitjob haben – nur eben einen unbezahlten. Kämen 40 Stunden Erwerbsarbeit hinzu, würde das also auf eine 80-Stunden-Woche hinauslaufen." Diese Rechnung gehe somit einfach nicht auf. Denn in Deutschland fehle es an einer verlässlichen Betreuungsinfrastruktur für Kinder und pflegebedürftige Familienmitglieder ebenso wie an bezahlbaren Entlastungsmöglichkeiten für die Hausarbeit. Deshalb seien für Mütter mitunter sogar Teilzeitjobs unmöglich.

Während die Ausgangslage für arbeitende Mütter in Deutschland also ohnehin nicht die beste ist, kommt der Kita-Notstand noch obendrauf. Die Situation wird für Familien – aber insbesondere für Mütter – zur Farce. Wer nicht weiß, ob und wie sein Kind betreut wird, der kann nicht beruflich planen, geschweige denn seine eigene Karriere in den Fokus rücken oder gar für das Alter sparen.

Das Ergebnis der untragbaren Kita-Situation: Frauen bleiben in der Teilzeitfalle gefangen oder werden in vielen Fällen (zumindest bis ein heiliger Betreuungsplatz am Horizont erscheint) sogar komplett in die Hausfrauenrolle gedrängt. Willkommen zurück im Jahr 1950, wo der Gender-Pay-Gap genauso groß ist wie der Frust!

Verlustgeschäft für alle

Dass das Thema Kinderbetreuung seitens der Politik so lange zu wenig Beachtung bekommen hat, rächt sich jetzt gleich doppelt. Denn es ist nicht nur ein feministisches Problem, es ist ein gesellschaftliches und gesamtwirtschaftliches.

Mütter, aber auch Väter, die sich ums Kind ohne Kita kümmern müssen, fehlen auf dem Arbeitsmarkt. Die Wirtschaft im Ganzen wird geschwächt, Staat und Kommunen haben weniger Steuergelder zur Verfügung. Und wo wird dann gespart? Ach ja, wahrscheinlich bei den Kitas. Merkt ihr selbst, richtig?

Es wird Zeit, dass wir laut werden und nicht nur wir Eltern. Hier steht viel zu viel auf dem Spiel, um die Situation stillschweigend zu schlucken. Eine gesicherte und gute Kinderbetreuung ist unerlässlich für eine funktionierende Gesellschaft. Das ist keine Traumtänzerei, sondern ein Fakt.

Das Thema muss endlich die Beachtung bekommen, die es angesichts der weitreichenden Folgen für ganz Deutschland verdient hat. Hier geht es nicht um die Belastung (sowohl emotional als auch finanziell) einzelner Familien. Hier geht es um uns alle. Ein Anfang könnte sein, die Bedeutung von Care-Arbeit anzuerkennen und politisch zu verhandeln: „Das Volumen der vorwiegend von Frauen geleisteten unbezahlten Sorgearbeit in Deutschland liegt pro Jahr mit 72 Milliarden Stunden deutlich über dem (bezahlten) Gesamtarbeitsvolumen der Volkswirtschaft mit 60,6 Milliarden Stunden", schreibt Uta Meier-Gräwe. Das habe Prognos laut dem „Handelsblatt" errechnet. Die Abwertung von Care-Arbeit als „Nicht-Arbeit" verkenne ihre fundamentale Bedeutung für das gesamte wirtschaftliche Handeln. Wertschöpfung entstehe also nicht nur in privaten Unternehmen, wie Arbeitgeberpräsident Rainer Dulger behauptete, sondern auch durch die tägliche Arbeit zu Hause.

Laut einer Umfrage der Hans-Böckler-Stiftung sind knapp 60 Prozent der Eltern in Deutschland von Betreuungsausfällen betroffen. 60 Prozent! Ein Drittel der betroffenen Eltern sagt in diesem Zusammenhang, dass sie ihre Arbeitszeiten wegen der unzuverlässigen Betreuungssituation gekürzt haben. Wir haben hier somit ein Problem mit erheblichen volkswirtschaftlichen Konsequenzen.

In vielen Städten werden derzeit Protestmärsche von Eltern oder Initiativen organisiert, um auf den Kita-Notstand und seine Folgen aufmerksam zu machen. Wenn es so etwas in eurer Stadt noch nicht gibt, dann schließt euch zusammen und nehmt die Sache selbst in die Hand. Ich bin mir sicher, dass ihr über euren Freundes- und Bekanntenkreis schnell viele Gleichgesinnte finden werdet. Also lasst uns laut werden!

Best Friends Forever

Warum echte Freundschaft mehr zählt als die ewige Liebe

TINO AMARAL

Egal ob Schulwechsel, Sitzenbleiben, Umzüge oder der Berufs-
einstieg: In meinem Leben gab es viele Wandlungen und Neu-
starts. Alle drei bis vier Jahre hieß es deshalb für mich: Alte
Freundschaften loslassen und neue Freundschaften knüpfen.
Immer wieder fragte ich mich: Können Freundschaften überhaupt
ein Leben lang halten? Zum Glück habe ich mittlerweile Menschen an meiner Seite, die mich meine Zweifel an langfristigen
Freundschaften schnell vergessen lassen. Menschen, die mir
durch ihre Worte und Taten schon oft bewiesen haben: Ja, sie
bleiben, auch wenn es mal nicht so rosig läuft.

Wirklich rosig lief es eine ganze Weile nicht. Der immer wieder-
kehrende Verlust von Freundschaften in meinem Leben hatte
nachhaltig Spuren hinterlassen. Jahrelang neigte ich dazu,
meine Freund*innen auf Abstand zu halten. Unterbewusst machte ich mir wohl Sorgen, irgendwann wieder enttäuscht zu werden oder Abschied nehmen zu müssen. Ich zog mich zurück
und meldete mich zeitweise gar nicht mehr. Statt selbst aktiv zu
werden, wartete ich ab, bis andere nach einem Treffen fragten,
um nicht auf Ablehnung zu stoßen. Ein total blöder Selbstschutz,
der meinen Freund*innen oft Kummer bereitete – denn dadurch
fühlten sie sich natürlich nicht gewollt.

Ein schwuler bester Freund will ich nicht mehr sein

Dass manche Freundschaften nicht hielten und sich auch
nicht wiederherstellen ließen, hatte mit klischeebehafteten Erwartungen und dem Festhalten an veralteten Rollenbildern zu
tun. In meiner Jugend wurde ich von einigen meiner Freundinnen
in die Rolle des „schwulen besten Freundes" gedrängt, mit dem
man shoppen gehen und über Jungs lästern kann. Laut eigener
Aussage hätten sie diese Version von mir auch heute noch gerne
wieder zurück in ihrem Leben. Dazu bin ich aber nicht mehr bereit. Jemanden aufgrund seiner sexuellen Orientierung in eine

Schublade zu stecken, ist und bleibt diskriminierend – egal, wie gut man es meint. Manche Leute denken wohl immer noch, das Outing eines homosexuellen Mannes sei Anlass, rosa Konfetti zu werfen, ihm ein Glas Prosecco in die Hand zu drücken und ganz schnell „Desperate Housewives" anzumachen.

Natürlich ist es absolut nachvollziehbar, warum Frauen einen schwulen Freund zu schätzen wissen. Und auch ich fühle mich bei meinen Freundinnen besonders wohl. Wichtig ist aber, dass die Freundschaft im Fokus steht und ich nicht das Gefühl haben muss, als eine Art Must-have oder Vorzeige-Attribut der vermeintlich weltgewandten, modernen Frau herzuhalten.

Mich emotional zu öffnen, fiel mir lange sehr schwer

Es fiel mir außerdem lange Zeit schwer, mich emotional zu öffnen. In meinen früheren Freundschaften stand ausschließlich mein Humor im Mittelpunkt. Ich riss einen Witz nach dem anderen, zögerte nicht, mich zum Hampelmann zu machen und sorgte dafür, dass möglichst keine peinliche Stille aufkam. Mit der Zeit entwickelte sich ein gewisser Performance-Druck, dem ich letztlich auch in neuen Freundschaften immer wieder nachgab. Als meine heutigen Freund*innen anfingen, sich für die tieferen Schichten meiner Persönlichkeit zu interessieren und diese auch einzufordern, brachte mich das anfangs ziemlich aus dem Konzept. Meine lustige Art war über die Jahre zu einer Art Schutzschild geworden.

Andere hinter die Fassade blicken zu lassen, machte mir Angst. Ich hatte Sorge, dass meinen Freund*innen diese weniger glitzernde Version von mir nicht gefallen könnte. Schließlich war ich nicht so perfekt oder souverän, wie ich mich nach außen hin vermarktet hatte. Mit der Zeit brachte ich meine Mauern aber stückchenweise zum Einsturz und schaffte es, mich verletzlich zu zeigen und so auch wahre Nähe zuzulassen. Und siehe da:

Meine Freund*innen mochten mich immer noch – wenn nicht sogar noch ein bisschen mehr.

*„Ich hatte Sorge, dass meinen Freund*innen diese weniger glitzernde Version von mir nicht gefallen könnte. Schließlich war ich nicht so perfekt oder souverän, wie ich mich nach außen hin vermarktet hatte."*

Mittlerweile kann ich sagen: Meine alten Prägungen sind immer noch Teil von mir. Ich lasse mich von ihnen allerdings nicht mehr vereinnahmen oder an tieferen Bindungen hindern. Unsicherheiten und Gefühle ehrlich auszusprechen – sowohl mir selbst als auch meinen Liebsten gegenüber – war der Schlüssel, um innere Blockaden zu lösen und meine Freundschaften auf die nächste Ebene zu heben. Ich bin dankbar, Freund*innen zu haben, die damals an mir festgehalten haben, obwohl sie es nicht mussten. Die mir entgegenkommen sind, wenn ich es mal nicht konnte. Und die mir gezeigt haben, was wahre Freundschaft wirklich bedeutet.

Sind Freund*innen der Schlüssel für ein langes Leben?

Spätestens seit der Covid-Pandemie wissen wir als Gesellschaft, wie schädlich Einsamkeit ist. Um Einsamkeit zu bekämpfen, geht zum Beispiel die Regierung des Vereinigten Königreichs einen außergewöhnlichen Weg: Seit 2019 dürfen Hausärzt*innen nicht nur Medikamente, sondern auch Sozialkontakte verschreiben. Ob Töpferkurs oder Wandergruppe – alles, was neue Freundschaften fördert, ist möglich. Die Methode „Freund*innen auf Rezept" klingt im ersten Moment vielleicht etwas komisch, aber tatsächlich haben enge Vertraute eine heilende Wirkung. Zahlen aus der Forschung unterstützen diese These immer wieder. Laut Forschenden der australischen Flinders University beispielsweise sollen regelmäßige Treffen, tiefgehende Gespräche und ein ehrlicher Umgang mit Freund*innen die Lebenserwartung um bis zu 22 Prozent erhöhen.

Im Gegensatz dazu soll Einsamkeit genauso schädlich sein wie der Konsum von 15 Zigaretten am Tag. Das fanden Forschende der Brigham Young University in Utah heraus. Schuld daran soll vor allem chronischer Stress sein, unter dem einsame Menschen viel häufiger leiden. Laut Wissenschaftler*innen der Universität Freiburg reicht es bereits aus, zehn Minuten mit seinen besten Freund*innen zu verbringen, um eine Stunde lang vor Stress geschützt zu sein. Verantwortlich dafür soll das Hormon Oxytocin sein. Es baut Vertrauen auf und reduziert Angst. Aufgrund ihrer stresslindernden Wirkung senken Freundschaften auch das Risiko von Herz-Kreislauf-Erkrankungen oder Depressionen. Außerdem steigern sie unser Selbstwertgefühl. Ein deutsch-niederländisches Forscher*innenteam fand heraus, dass wir uns an Tagen, an denen wir uns mit Freund*innen treffen, wertvoller fühlen.

Bestimmt lassen sich diese Erkenntnisse in gewisser Hinsicht auch auf andere Mitmenschen, wie die Familie, übertragen. Vergangene Studien haben allerdings bestätigt, dass uns Freundschaften oft ein besseres Gefühl geben, als es beispielsweise Verwandte tun. Der Grund: Im Gegensatz zu unserer Familie können wir uns unsere Freund*innen selbst aussuchen. Im Laufe der Jahre sortieren wir oberflächliche Freundschaften aus und behalten nur diejenigen, die uns wirklich glücklich machen. Familienmitglieder können hingegen nicht einfach ausgetauscht werden, wenn die Verhältnisse schwierig sind.

Und tatsächlich ist es so, dass Freundschaften nachweislich genauso viel Halt geben können wie „herkömmliche" Familien. Laut des Kulturjournalisten Jo Schück gab es sogar Zeiten, in denen zwischen Freund*innen und Verwandten gar nicht unterschieden wurde. Die Sprache soll viele Hinweise darauf geben, wie die Historie der Freundschaft zu verstehen ist. Der Begriff „Freund" soll demnach von dem altdeutschen Wort „vriunt" abstammen. Und damit waren damals Freund*innen und Verwandte gleichermaßen gemeint. Erst durch die Erfindung der Kernfamilie und der monogamen Ehe, befeuert durch die katholische Kirche, soll eine klare Trennung eingeführt worden sein.

Sind Freundschaften wichtiger als eine Partnerschaft?

Obwohl Freundschaften so wichtig für das Wohlbefinden sind, haben sie in unserer Gesellschaft längst nicht den gleichen Stellenwert wie Liebesbeziehungen. Meiner Meinung nach ist die Erwartungshaltung eines erfüllten Lebens viel zu stark auf traditionelle Familienmodelle ausgerichtet, die oft nur wenig Raum für Freundschaften lassen. Immerhin gibt es Studien, die zeigen, dass Personen, die in Beziehungen stecken, ihre Freundschaften weniger pflegen als Singles – und uns eine neue Beziehung in der Regel sogar bis zu zwei enge Freundschaften kosten kann. Und ganz ehrlich: Wer kennt nicht diese eine Person, die von der Bildfläche verschwindet, sobald sie in einer neuen Beziehung ist?

> *„Menschen halten oft an miserablen Beziehungen fest, aber kaum an Freundschaften, die sie nicht (mehr) wollen."*

Auch ich war mal diese Person. Mittlerweile bin ich allerdings davon überzeugt, dass die Liebe zwischen Freund*innen viel bedingungsloser ist als die zwischen zwei Partner*innen. Denn eines steht fest: Menschen halten oft an miserablen Beziehungen fest, aber kaum an Freundschaften, die sie nicht (mehr) wollen. Das liegt wahrscheinlich daran, dass Freundschaften einem viel geringeren gesellschaftlichen Druck ausgesetzt sind. Demnach stehen die Chancen gut, dass meine beste Freundin mit mir befreundet ist, weil sie das auch wirklich möchte. Bei Beziehungen sieht das eben etwas anders aus: Indem man von seinem Umfeld ständig mit der Frage konfrontiert wird, ob man schon seine bessere Hälfte gefunden habe, wächst der Druck, dieses vermeintlich wichtige Lebensziel erreichen zu müssen. Hat man dann endlich eine*n Partner*in gefunden, kann es schnell passieren, dass man sich mit zwischenmenschlichen Dynamiken zufriedengibt, die nicht so sehr von bedingungsloser Liebe geprägt sind wie unsere Freundschaften. Ganz nach dem Motto: Lieber eine Beziehung weiterführen, die nicht zu 100 Prozent erfüllend ist, als den Status der ach so angesehenen Liebesbeziehung zu verlieren. Laut unseres heutigen Systems würde ansonsten ja auch etwas total Wichtiges in unserem Leben fehlen.

Dass eine langfristige Beziehung als das ultimative Ziel für ein glückliches und erfülltes Leben gilt, hat bestimmt auch viel damit zu tun, dass Paarbeziehungen und die Kernfamilie politisch forciert werden und durch die Institution der Ehe rechtlich stark reguliert sind. Mit der Ehe gehen etwa steuerliche Vorteile und rechtliche Absicherung einher, die anderen Beziehungsformen und Freundschaften vorenthalten werden. Ziemlich unfair, wie ich finde. In Deutschland arbeitet die Ampelregierung nach einem Vorstoß der FDP gerade an einem Entwurf für sogenannte Verantwortungsgemeinschaften. Damit soll es laut Koalitionsvertrag auch „jenseits von Liebesbeziehungen oder der Ehe zwei oder mehr volljährigen Personen ermöglicht werden, rechtlich füreinander Verantwortung zu übernehmen." Für mich ein längst überfälliger Schritt, der in Zukunft hoffentlich noch weitere Veränderungen anstoßen wird. Denn es muss sich noch einiges ändern, damit Freundschaften in unserer Gesellschaft endlich den Platz einnehmen können, den sie verdient haben.

Sieben Jahre und zehn Monate

Mein Leben mit dem Kinderwunsch

FRANZISKA GÄRTNER

Ich sitze im Auto und blicke in den Rückspiegel. Darin sehe ich unsere Tochter Pippa und verspüre eine enorme Dankbarkeit und großen Stolz. Gleichzeitig sehe ich beim Blick zurück auch den langen Weg, den mein Mann und ich für ein Leben mit Kind gegangen sind: Pippa ist erst eineinhalb Jahre alt, aber die Kinderwunschreise begann bereits vor etwa achteinhalb Jahren – und auf diese nehme ich euch jetzt mit.

Mein Mann und ich sind seit 2012 ein Paar. Im dritten Jahr unserer Beziehung haben wir gemeinsam entschieden, dass wir gerne Eltern werden wollen. Nachdem wir zwei Jahre vergeblich versucht hatten, ein Kind zu bekommen, sind wir in eine Kinderwunschklinik gegangen. Dort wurde uns erst einmal deutlich gemacht, dass wir heiraten müssten, um eine Behandlung zu erhalten. Dadurch würden zumindest die Grundkosten über die Krankenkasse gedeckt. Wie empathisch!

Wir wollten uns nicht unter Druck setzen lassen und entschieden uns, diesen Schritt in unserem eigenen Tempo zu gehen. Im Sommer 2018 begannen wir dann in einer anderen Klinik mit der ersten Kinderwunschbehandlung – als frisch verheiratetes Ehepaar. Es folgten mehr als sieben Jahre mit weiteren Versuchen.

Nach dem Hinfallen immer wieder aufzustehen und weiterzumachen, war nicht leicht. Die Wunden – ob körperlich oder seelisch – mussten heilen, und es fühlte sich richtig an, diesem Prozess Zeit zu geben. Immer wieder probierten wir neue Medikamente und Möglichkeiten aus. Denn wie bei zehn bis 20 Prozent aller Paare mit Kinderwunsch konnte bei mir, abgesehen von Hashimoto und Endometriose, kein Grund für die nicht stattfindende Einnistung gefunden werden.

Unsere Bilanz nach vier Jahren Kinderwunschbehandlung: Fünf In-vitro-Fertilisationen, drei Inseminationen, eine Kryo, drei zusätzliche OPs, acht Vollnarkosen und eine Tubargravidität. Was für eine Aneinanderreihung von Fremdwörtern für all die glücklichen Personen, die ihre Kinderwunschreise direkt nach dem Start mit einem positiven Schwangerschaftstest in den Händen beenden können.

Kinderkriegen kann doch nicht so schwer sein

Das Thema Kinderwunsch war wie ein dunkler Fleck, der mich sieben Jahre lang in jeder Alltagssituation begleitet hat. Es war wie eine ständige, kleine Trauer, die mir oft die Leichtigkeit im Leben nahm. Wenn sich zum Beispiel eine Bekannte über die Übelkeit in der Schwangerschaft beklagte, dachte ich mir: Ich würde alles für diese Übelkeit geben. Wenn wir am Wochenende an einem Spielplatz vorbeispazierten oder zu IKEA fuhren, kam mir beim Anblick der vielen Kinder der Gedanke, dass das Kinderkriegen doch nicht so schwer sein kann. Um nicht auch noch im Urlaub vor Augen zu haben, was wir uns schon so lange sehnlichst wünschten, buchten wir nach einiger Zeit meist Adults-only-Unterkünfte.

„Wenn sich eine Bekannte über die Übelkeit in der Schwangerschaft beklagte, dachte ich mir: Ich würde alles für diese Übelkeit geben."

Ich habe mir lange Gedanken gemacht, ob es normal ist, Neid zu verspüren, wenn im entfernten Bekanntenkreis oder bei Instagram mal wieder Babynews verbreitet wurden. Oder Wut, wenn ich eine rauchende Person mit Kinderwagen sah. Bei engen Freund*innen oder in der Familie hatte ich diese Gedanken nicht. Deren Kinder hatte ich immer sofort ins Herz geschlossen, verspürte so viel Verbundenheit und Wärme, dass da kein Platz war für die Sehnsucht oder den Schmerz. Und bei anderen sagte ich mir immer wieder: Sie können nichts für deine Situation. Das half oft. Denn Neid ist meiner Meinung nach in jeder Lebenslage Gift für die eigene Gesundheit.

Ich will Mutter werden

Eine der ersten Fragen unserer Kinderwunschcoachin war, warum wir eigene Kinder haben wollen. Meiner Meinung nach sollten sich das alle werdenden Eltern vor einer Schwangerschaft fragen. Das gibt Paaren auch die Möglichkeit, sich noch besser kennenzulernen. Ich war fest davon überzeugt, dass ich eine gute Mutter sein kann, wenn sich ‚gut' überhaupt definieren lässt. Ich wollte diese Möglichkeit im Leben haben. Ich wollte eine enge Bindung zu meinem Kind aufbauen, mich für die kleine Person interessieren, empathisch sein – da sein.

Die Zeit zwischen dem Transfer der befruchteten Eizellen in der Zyklushälfte und dem Bluttest am Ende des Zyklus in der Kinderwunschklinik war die Hölle. Vor dem Transfer war immer etwas los – Untersuchungen, Spritzen, ein durch die vielen gespritzten Hormone anschwellender Bauch. Danach hieß es: Geduld haben. Und das waren schlimme Tage, für die ich bis heute kein Geheimrezept habe: Arbeiten oder nicht arbeiten? Mit Verabredungen und Events ablenken oder zu Hause bleiben? Ich habe das immer nach Gefühl entschieden – und auch nach Stärke der Schmerzen. Geholfen haben mir Therapiesitzungen, manchmal auch der Austausch in Foren mit Personen, die sich in einer ähnlichen Situation befanden.

Die Angst vor der nächsten Enttäuschung

In all den Jahren verging die Zeit sehr langsam. Mit jedem Tag stieg die Angst vor der nächsten Enttäuschung. Bei vorzeitigen Blutungen, spätestens mit dem negativen Bluttest in der Kinderwunschklinik, nach jedem weiteren misslungenen Versuch also öffnete sich ein tieferes emotionales Loch. Erst durch unser Kinderwunschcoaching verstand ich, dass dies eine Trauerphase war, für die ich mir Zeit nehmen musste.

Ich brauchte einen Tag im Bett, ganz für mich, an dem ich niemanden sehen oder hören musste. Einen Mental Health Day, an dem nur Weinen auf der Tagesordnung stand. Zu erkennen, dass es völlig okay war, solche Tage des Trauerns zuzulassen und auszuhalten, war ein wichtiger Prozess für mich und auch für meinen Mann. In welcher Phase wir uns jeweils gerade befinden, haben wir immer weniger Personen erzählt, um diesen Moment für uns zu haben. Denn mit jedem Erzählen setzte sich der Schmerz erneut fest.

In den Wochen nach einer Trauerphase stellte ich oft fest, dass ich mich an einzelne Details der letzten Behandlung gar nicht mehr erinnern konnte: Wann mussten wir welche Spritze setzen? Welches Medikament aus genmanipulierten Hamstern war es dieses Mal? Ich denke, das ist der Selbstschutz von Körper und Geist, damit alles heilen kann. Aber kaum hielt ich den neuen Behandlungsplan in der Hand, war ich wieder voll im Thema – wie in einem Kinderwunschbehandlungstunnel. Und Schwupps: Der nächste Versuch startete. So vergingen für uns vier intensive Jahre.

Wann ist Schluss?

Ich kann mir vorstellen, dass sich viele beim Lesen dieses Textes fragen, wann der Moment kam, an dem wir überlegten, mit der Behandlung aufzuhören und damit vielleicht auch ‚Lebewohl' zum eigenen Kinderwunsch zu sagen. Es hätte schließlich noch viele andere Möglichkeiten gegeben. Und andere Paare sind doch auch ohne Kinder glücklich.

Für mich aber hatte der unerfüllte Kinderwunsch etwas mit Scheitern zu tun: Bin ich eine ganze Frau, wenn ich unfruchtbar und nicht in der Lage bin, Kinder zu bekommen? Mein AMH-Wert war immer hoch (AMH = Anti-Müller-Hormon, Indikator für die Eizellreserve einer Frau), die Endometriose wurde zweimal entfernt, mein Hashimoto mit Medikamenten richtig eingestellt und die Ärzt*innen fanden keinen wirklichen Grund, warum es verdammt noch mal nicht klappte.

Von außen betrachtet schien 2022, unser letztes Jahr mit unerfülltem Kinderwunsch, bei meinem Mann und mir super erfolgreich – beruflich gesehen. Aber innerlich war da ein großes Loch. Glückwünsche zu Beförderungen, neu gewonnenen Projekten oder neuen Positionen fühlten sich falsch an. Denn für uns war 2022 das härteste Jahr: Die erste Behandlung endete in einer Eileiterschwangerschaft. Beim zweiten Versuch hatte ich mit über 25 Follikeln (jeweils ca. 2,5 cm) einen zu frühen Eisprung, sodass alle in mir platzten, was die wohl schlimmsten Schmerzen in meinem Leben auslöste. Und bei der letzten Behandlung hatte ich keine brauchbaren Eizellen. Also hatten wir gefühlt von A bis Z alles durchgemacht.

So kann das Thema Kinderwunsch nicht enden

In einem Buch der Kinderwunsch-Expertin Franziska Ferber habe ich gelesen, dass Paare von sich aus wissen, wann die Zeit gekommen ist, den Kinderwunsch loszulassen. Doch diesen Zeitpunkt hatten wir überschritten. Das hatte wohl mit einer Art Ehrgeiz zu tun. Wir sind es aus dem Job gewohnt, nicht aufzugeben. Dabei hatte ich mir und meinem Mann im Februar 2021 geschworen, dass es das jetzt gewesen sei, als wir auf dem Weg in die Notaufnahme waren, weil ich mit der wenige Tage vorher festgestellten Eileiterschwangerschaft eine tickende Zeitbombe in mir und zum ersten Mal so richtig Angst um mein Leben hatte. Aber auch da kam der Ehrgeiz nach ein paar Monaten Pause wieder zurück. Genauso wie bei den letzten zwei Versuchen, als ich mir dachte: Nein. So kann ich das Thema Kinderwunsch nicht beenden. So nicht.

Also entschieden wir im Mai 2022, unsere zehnte Kinderwunschbehandlung zu starten. In einer neuen Klinik mit einem neuen, modernen Ansatz und neuen, teuren Medikamenten. Dieser Versuch sollte der letzte sein, da wir die Behandlungen auch finanziell nicht mehr stemmen konnten*. Die Monate zuvor hatten wir uns intensiv mit unserer Kinderwunschcoachin auf das Loslassen vom eigenen Kinderwunsch vorbereitet, den Weg wollten und konnten wir nicht alleine gehen.

Wunder gibt es immer wieder

Und dann kam der Morgen des 24. Mai 2022: Bevor ich die benötigten Medikamente aus Frankreich bestellen wollte (zur Erklärung: dort sind sie für Selbstzahler*innen günstiger als in Deutschland und werden innerhalb von 24 Stunden nach Hause geliefert), machte ich wie so oft einen Schwangerschaftstest. Sicher ist schließlich sicher. Und da war er: der erste positive Schwangerschaftstest in meinem Leben. Aus heiterem Himmel. Nach sieben Jahren Kinderwunsch war ich schwanger. Einfach so. Ohne jegliche Behandlung. Es war surreal.

In dem Moment hat alles an mir gezittert. Als Erstes habe ich natürlich meinen Mann Hannes angerufen. Wir haben zusammen geweint. Und im Laufe des Tages bestätigte sich: Es ist real. Die Wochen nach dem positiven Test fühlten sich nicht wie eine leicht-lockere Reise ins Warme an, sondern eher wie eine anstrengende Bergtour mit vielen Höhen und Tiefen und der Ungläubigkeit, es bis zum Gipfel zu schaffen. Aber das haben wir. Pippa zum ersten Mal in den Armen zu halten, war unbeschreiblich. Denn für uns dauerte die Reise, die uns zu unserem Kind führte, nicht nur zehn Monate, sondern zehn Monate und sieben Jahre.

Warum es nach so langer Zeit ohne eine Behandlung einfach so geklappt hat? Das wissen wir nicht zu 100 Prozent. Aber dass wir nicht daran gedacht oder uns mal entspannt hätten, war es definitiv nicht – auch wenn das ein Ratschlag ist, der gern gegeben wird. Die eine Antwort gibt es nicht. Es bleibt ein Rätsel. Ein Rätsel aber, das positiv bei uns in den Köpfen bleibt.

Seid Sherlock Holmes!

Ohne Stolz kann ich nach all dieser Zeit behaupten, dass ich zur Expertin für das Thema Kinderwunsch geworden bin. Mein Mann hat oft gesagt, dass er in den Gesprächen zwischen der Ärztin und mir überhaupt nichts mehr verstehen konnte, weil wir beide nur noch mit Fachbegriffen jonglierten. Das bringt mich bis heute zum Schmunzeln, wobei ich sagen muss, dass ich von Anfang an lieber Expertin für Kinder-Accessoires oder Erziehungstipps gewesen wäre.

Das in dieser Zeit gewonnene Wissen kommt heute meinen Bekannten und Freund*innen in ähnlichen Situationen zugute. Ich möchte sie damit gern auf ihrer eigenen Reise unterstützen. Denn eines habe ich beim Thema Kinderwunsch gelernt: Man muss vieles einfordern. Man muss über neue Entwicklungen Bescheid wissen und man muss den ganzen Körper im Blick haben, nicht nur Eileiter und Gebärmutter.

„Versucht, nicht euer ganzes Leben vom Kinderwunsch abhängig zu machen."

Mein Tipp für alle Menschen mit Kinderwunsch: Seid Sherlock Holmes und versucht dabei, nicht euer ganzes Leben vom Thema abhängig zu machen. Plant auch schöne Dinge über das Jahr hinweg, die euch als Paar verbinden. Denn diese Zeit ist hart – für jede*n als Einzelperson und vor allem auch als Paar. Allzu schnell wird aus dem Wunsch nämlich eine Sehnsucht.

Das große Glück, Eltern sein zu dürfen

Bei einer Podcastaufnahme bin ich kürzlich auf einen Begriff gestoßen: „pupo" – pregnant until proven otherwise. Hierbei geht man davon aus, dass die Frau nach dem Transfer schwanger ist, bis ein Schwangerschaftstest das widerlegt oder bestätigt. Dieser motivierende und positive Glaubenssatz hätte mir als Mantra in der Wartezeit zwischen Transfer und dem Blutwert oft sehr geholfen.

Das große Glück, Eltern sein zu dürfen, spüre ich immer wieder. Manchmal überkommt es mich im Alltag von jetzt auf gleich. So wie in diesem Moment: Wir sind auf dem Rückweg vom Urlaub nach Hause und ich habe auf einem Rastplatz angehalten, um diesen Text in einem Moment der Stille zu Ende zu schreiben. Immer wieder blicke ich in den Rückspiegel und sehe darin Pippa und meinen Mann Hannes, wie sie beide schlafen. Ich muss zwei oder sogar drei Tränchen verdrücken und spüre Demut, wenn ich an unsere lange Kinderwunschreise denke. Die anstrengenden und dunklen Tage habe ich nicht vergessen, aber sie fühlen sich leichter an. Nun werde ich den Rechner beiseitelegen, die beiden anlächeln und mich auf unsere nächste Reise freuen – zu dritt.

In diesem sehr persönlichen Text habe ich über den Kinderwunsch als emotionales Thema geschrieben und die große finanzielle Belastung im Detail außen vor gelassen. Mir ist sehr bewusst, dass es ein Privileg ist, dass ich zum Zeitpunkt der Behandlungen einen Job hatte, bei dem es mir möglich war, offen mit meinem Kinderwunsch umzugehen und dass wir die finanziellen Mittel hatten, um die Behandlungen durchzuführen und regelmäßig Coaching-Stunden zu besuchen.

Mut zur Veränderung

Care-Arbeit fair-teilen!

YVONNE WEISS

Bevor unser erstes Kind zur Welt kam, haben mein Mann und ich recherchiert, welche die besten Ratgeber für junge Eltern sind und diese alle gelesen. Nach der Geburt habe ich kein einziges Buch davon mehr zur Hand genommen, denn schnell wurde klar: Der akademisch motivierte, auf Wissensaneignung basierende, ja fast elitäre Ansatz funktioniert bei einem Projekt namens Baby nicht.

Wir hatten keine Ahnung von unserem neuen Job als Mama und Papa. Wie konnte man uns ohne Prüfung oder Zertifikat aus dem Krankenhaus entlassen? Fahrlässig. Wir zweifelten an uns selbst. Doch gemeinsam wurden wir jeden Tag ein bisschen besser.

Elternsein kann sich niemand anlesen. Es ist ein 100-prozentiger Learning-by-doing-Job. Bist du zu Hause bei deinem Baby, wird es dir vieles zeigen, was du wissen musst. Bist du nicht da, kann es dir nichts beibringen und du wirst nicht besser. Wie beim Radfahren lernen. Du musst selbst aufsteigen, selbst treten, selbst hinfallen, selbst wieder aufstehen. Darum brauchen wir endlich die Väterzeit, die bezahlte, zweiwöchige Auszeit von der Arbeit. Sie schafft die Möglichkeit für den Partner, ja fast die Pflicht – denn wenn es alle machen, gleicht es einer Pflicht – in den ersten zehn Tagen nach der Geburt des Kindes zu Hause zu bleiben.

Wenn beide Elternteile von Anfang an eine Rolle in der Pflege des Kindes spielen, steigert das die emotionale Bindung und das Vertrauen. Das zeigte sich beispielsweise auch in einer Studie des Neurowissenschaftlers Pascal Vrticka von der University of Essex (Großbritannien). Dabei wurde das Volumen eines für die Fürsorge und Bindung wichtigen Hirnareals bei 50 Vätern und 45 Nichtvätern untersucht. Die Forschenden stellten fest, dass jene Väter ein höheres Volumen in diesen Hirnregionen aufwiesen, die ein stärkeres Selbstvertrauen und Freude angesichts ihrer Vaterrolle äußerten.

Vrticka ist, wie er 2023 der Neuen Zürcher Zeitung sagte, überzeugt: „Je mehr Zeit Väter mit ihren Kindern verbringen, desto besser schwingt sich das männliche Gehirn auf das Kind ein." Die Väter verstehen die Signale und Bedürfnisse also besser, sie agieren schneller souverän in ihrer neuen Rolle. Frühe Bindung gleich frühes Selbstbewusstsein, etwas zu können. Eine Familie – eine gemeinsame Aufgabe – ein gemeinsames Lernen, als Team.

Fehlende Rahmenbedingungen

Warum ist das wichtig? Weil in dieser Phase die Weichen für die Zukunft gestellt werden. Und mit Zukunft meine ich mindestens bis zum Auszug des Nachwuchses. Wenn ein Elternteil innerhalb kürzester Zeit zum Profi wird und das andere Elternteil im Anfänger*innen-Stadium verharrt, wird die Schere des Könnens und damit der Verantwortlichkeit immer weiter auseinanderklaffen. Der eine ist meistens die eine, also die Mutter. Dabei sollte Care-Arbeit kein Geschlecht kennen. Jede*r kann sich kümmern. Jede*r kann es lernen. In der Praxis sieht es jedoch so aus: Laut Statistischem Bundesamt leisten Frauen 44,3 Prozent mehr unbezahlte Arbeit als Männer, das sind neun Stunden unbezahlte Arbeit mehr – jede Woche. Also ein ganzer Arbeitstag. Doch die Väter sind damit nicht unbedingt glücklich: Jeder vierte Vater findet, dass er zu viel Zeit im Job verbringt. Das Europäische Zentrum für Wirtschaftsforschung und Strategieberatung hat im Jahr 2022 eine Studie veröffentlicht, nach der 450.000 Väter in Deutschland wegen fehlender Vereinbarkeit schon einmal den Arbeitgeber gewechselt haben, 770.000 denken darüber nach. Der Wille, sich zu kümmern, scheint vorhanden, allein, es fehlen die Rahmenbedingungen.

Deshalb, liebe FDP, bitte blockiert nicht länger das, was ihr eigentlich längst abgesegnet hattet. Im Koalitionsvertrag von

SPD, Grünen und FDP heißt es: „Wir werden eine zweiwöchige vergütete Freistellung für die Partnerin oder den Partner nach der Geburt einführen." Diese Verabredung war übrigens nicht besonders großzügig – sondern Pflicht! Die Ampelregierung würde damit nur einer EU-Richtlinie zur besseren Vereinbarkeit von Familie und Beruf folgen, die bereits bis 2022 hätte umgesetzt werden sollen. Inzwischen sind wir das letzte Land in der EU, in dem Väter nach der Geburt eines Kindes keinen automatischen Anspruch auf Urlaub haben. Familien in Deutschland befinden sich quasi in einer jahrelangen Warteschleife. Wann nimmt endlich jemand ab?

Anne Spiegel hatte sich schon 2021 als damalige Familienministerin mit dem Thema beschäftigt, ihre Nachfolgerin Lisa Paus konnte den passenden Gesetzesentwurf zur Familienstartzeit präsentieren, doch aus den niedergeschriebenen gutgemeinten Worten wurde bislang keine Handlung. Die FDP mag sich nicht kümmern. Keine politische Care-Arbeit zum Thema Care-Arbeit.

Familienstartzeit zieht Fachkräfte an

Dabei rechnet kein*e Expert*in mit hohen finanziellen Belastungen. Laut Fraunhofer-Institut würde ein Betrieb mit 100 Mitarbeitenden monatlich lediglich 208 Euro mehr zahlen. Der SPD-Fraktionsvorsitzende Sönke Rix ermahnte daher die FDP: Ihr Argument, sie wolle Mehrbelastungen für Unternehmen vermeiden, greife nicht.

Und ironischerweise forderten im Juni 2024 plötzlich die, die angeblich beschützt werden sollten, in einem offenen Brief, die Bundesregierung möge das Projekt endlich auf den Weg bringen. 35 Unternehmen und zivilgesellschaftliche Institutionen, darunter Henkel, Comspace und der AWO-Bundesverband e.V. schrieben: „Auch aus Sicht von Unternehmen ist die Einführung der Familienstartzeit zur Sicherung des Arbeits- und Fachkräftebedarfs sinnvoll: Erwerbstätige Elternteile erwarten von ihren Arbeitgeber*innen zunehmend unabhängig von ihrem Geschlecht, dass diese ihren Bedarfen nach besserer Vereinbarkeit nachkommen."

Es gibt eigentlich nur Fürsprecher*innen. Die Freistellung wäre also auch im Sinne der Wirtschaft. Kluge Unternehmen wissen nämlich, dass sie damit nicht nur innerhalb, sondern auch außerhalb der Belegschaft punkten können. Im sogenannten „War of Talents" kann die Familienfreundlichkeit einer Firma durchaus als Entscheidungskriterium für die Zusage zu einem Job gelten.

Ohne Mut keine Veränderung

Eine Umdrehung weitergedacht, hat die Auflösung der klassischen Rollen-Stereotype („Mama kümmert sich, Papa verdient die Kohle") dann auch direkte Auswirkungen auf den Wunsch vieler Unternehmen, mehr Frauen in Führungspositionen zu bringen. Ist der Partner in der Lage, sich gut um das Kind zu kümmern, kann die Mutter früher in den Job zurück und muss nicht unbedingt nur wenige Stunden arbeiten. Die sogenannte Karriere-Lücke verkürzt sich und die Chancen auf Beförderungen und mehr Verdienst steigen. Hätten wir ein gut funktionierendes Betreuungssystem, könnten sogar beide Partner*innen Vollzeit arbeiten, doch bei 400.000 fehlenden Kita-Plätzen und einem permanentem Personalmangel auf allen Ebenen der schulischen Bildung sind wir von dieser Utopie weit entfernt.

„Frauenförderung funktioniert auch über Männer,
die es anders machen."

Letztendlich trägt die Väterzeit sogar zu Antidiskriminierung bei. Wir stellen uns einmal vor, in unserer Gesellschaft sei es endlich so, dass sich beide Elternteile gleichmäßig um die Kinder, also immerhin um die Zukunft unseres Landes kümmern würden. Dann dächte in Vorstellungsgesprächen kein*e Entscheider*in mehr den toxischen Gedanken: „Die wirkt talentiert, aber ich stelle sie lieber nicht ein, die bekommt vielleicht ein Kind und dann ist sie ewig weg." Oder andersrum: Vor Gericht wird im Streit um die Kinder häufig zu Gunsten der Mütter entschieden, weil die sich angeblich besser kümmern. Beide genannten Beispiele sind Vorurteile, die in einer modernen Gesellschaft aus den Köpfen raus müssen.

Je mehr aktive Väter, desto mehr männliche Rollenvorbilder, was die Beteiligung von Vätern an der Kinderbetreuung normalisiert. Frauenförderung funktioniert auch über Männer, die es anders machen.

Deshalb wünsche ich mir Männer, die es anders machen. Die den Mut haben, die Betreuung ihrer eigenen Kinder in die Hand zu nehmen. Die die Väterzeit fordern, Elternzeit nehmen oder Mitarbeiter darin unterstützen, in Teilzeit zu arbeiten, damit die Betreuung gleichmäßiger verteilt werden kann. Traut euch! Haltet die Sprüche aus! Werdet zum Pionier. Seid mutig! Kinder lieben mutige Menschen. Und ohne Mut keine Veränderung.

I'm a Hustler, Baby!

Warum Existenzangst für immer bleibt und wie ein Umgang damit möglich ist

LANA WITTIG

Ich bin gestern an einem Späti in Kreuzberg vorbeigelaufen. „Aushilfe gesucht – 450 € Basis" stand auf einem Zettel, der im Schaufenster hing.

„Das mach ich", war mein erster Gedanke.

Ich bin Lana, 39 Jahre alt, seit 20 Jahren stehe ich fest im Berufsleben. Aushilfsjobs habe ich schon sehr lange nicht mehr gemacht. Ich bin Geschäftsleiterin einer Mediengenossenschaft. Warum denke ich also darüber nach, im Späti um die Ecke zu jobben?

Ich glaube, das hängt mit meiner sozialen Herkunft zusammen. Ich bin Berlinerin, im Wedding geboren, in Tegel aufgewachsen. Wenn Leute fragen, sage ich „zwischen Tegeler See und Tegeler Forst". Hört sich idyllisch an und ist faktisch gesehen korrekt. Der Part, den ich weglasse, ist: Ich bin in der Hochhausplatte zwischen See und Forst groß geworden. 2,5 Zimmer für 3 Menschen im 12. Stock. Alleinerziehende Mama, die ihr Leben lang mit Krankheit zu kämpfen hatte, Hartz-4-Familie oder, wie es vorher hieß: Sozialhilfe.

„Geld macht nicht glücklich" höre ich oft. Stimmt. Aber kein Geld macht unglücklich, das weiß ich aus eigener Erfahrung. Kein Geld zu haben, mit diesem Gefühl bin ich groß geworden. Nach Taschengeld hab ich meistens nicht gefragt, weil ich wusste, da ist nicht genug in Mamas Portemonnaie.

„‚Geld macht nicht glücklich' höre ich oft.
Stimmt. Aber kein Geld macht unglücklich,
das weiß ich aus eigener Erfahrung."

Kein Geld macht unglücklich

Deswegen hatte ich auch mit elf Jahren meinen ersten Nebenjob. Deutsch Nachhilfe für Patrick aus der Parallelklasse. Fünf Mark pro Stunde gab's bar auf die Hand. Und ich hatte Blut geleckt: Geld verdienen stand fortan an erster Stelle. Jeder Job, der sich anbot, wurde vom Fleck weg angenommen. Putzen im Klamottenladen – check. Kellnern in Cafés – check. Flyer verteilen im tiefsten Winter – check. Als Bunny verkleidet auf der Playboy-Party hostieren – check. Alles natürlich schwarz, um keine Kürzungen vom Amt zu kriegen.

Vor vier Jahren arbeitete ich bei EDITION F. Als damals die Pandemie über uns hereinbrach und ich mit meinen damaligen Kolleg*innen in Kurzarbeit gehen musste, kam in mir direkt Panik auf. Ich brauche das sichere Gefühl zu wissen, woher der nächste Gehaltscheck kommt. Während also viele um mich herum darüber sprachen, wie sie gezwungenermaßen endlich mal entschleunigen, hatte ich mir innerhalb von einer Woche schon drei Freelance Jobs besorgt – und damit auf einmal mehr Arbeit als vor der Pandemie.

Burnout, Depressionen, körperliche Beschwerden

I'm a Hustler, Baby. Ich bin getrieben von der Angst, nicht genug Geld zum Leben zu haben, obwohl ich weiß, dass das realistisch schon längst nicht mehr der Fall ist. Diesen Glaubenssatz habe ich aus meiner Kindheit mitgenommen und er hält sich hartnäckig.

„Ich komme von unten. Und die Angst, wieder dort zu landen, wird ein Teil von mir bleiben. Für immer", schreibt auch die Autorin Natalya Nepomnyashcha einleitend zu ihrem Buch „Wir von unten. Wie soziale Herkunft über Karrierechancen entscheidet". Darin erzählt sie von ihren Erfahrungen als soziale Aufsteigerin und zeigt auf, dass es um die Chancengleichheit in Deutschland nicht gut bestellt ist. Und sie erklärt, wie stark unsere Gesellschaft davon profitiert, wenn Menschen unterschiedlicher sozialer Herkünfte auf allen Ebenen zusammenarbeiten.

Gefüttert wird meine Angst durch eine Arbeitskultur, die wir in unserem kapitalistischen System seit Ewigkeiten glorifizieren und aufrechterhalten, obwohl so viele Menschen darunter leiden. Burnout, Depressionen, körperliche Beschwerden. All das bringt Hustle Culture mit sich.

„Ich bin getrieben von der Angst, nicht genug Geld zum Leben zu haben, obwohl ich weiß, dass das realistisch schon längst nicht mehr der Fall ist."

Aktuelle Erhebungen zeigen, dass mentale Gesundheit am Arbeitsplatz ein wachsendes Problem darstellt. Laut einer Studie der Weltgesundheitsorganisation (WHO) leiden weltweit rund 280 Millionen Menschen an Depressionen, was erhebliche Auswirkungen auf die Arbeitsfähigkeit hat. Im Jahr 2020 fühlten sich in Deutschland 25 Prozent der Erwerbstätigen psychischen Belastungen ausgesetzt. Eine Untersuchung des Deutschen Gewerkschaftsbundes (DGB) ergab, dass 43 Prozent der Arbeitnehmer*innen unter einer starken Arbeitsverdichtung leiden. Die Lebenszufriedenheit der deutschen Beschäftigten ist einer Studie des amerikanischen Instituts Gallup zufolge im weltweiten Vergleich deutlich eingebrochen. Nur noch 45 Prozent fühlen sich im Jahr 2024 zufrieden und zuversichtlich; das sind acht Prozentpunkte weniger als im Vorjahr. Auch das Stresslevel ist nach wie vor hoch; trotz einer leichten Erholung liegt es mit 41 Prozent der Berufstätigen, die sich gestresst fühlen, über dem europäischen Durchschnitt von 37 Prozent. Besonders alarmierend: Mehr als 7,3 Millionen Beschäftigte haben laut der Studie bereits innerlich gekündigt.

Offene Kommunikation im Team

Ich möchte für mich und meine Kolleg*innen mit diesem System brechen. Stoße aber immer wieder an persönliche und strukturelle Grenzen. Wie drücke ich bei Arbeitszeiten und Work Load auf die Bremse, wenn wir als Unternehmen in einer kapitalistischen Struktur bestehen wollen? Wie bitte ich das Team, die eigenen Grenzen zu respektieren, wenn ich selbst das Gegenteil vorlebe?

Für mich persönlich führt der Weg über intrinsische Arbeit, über Reflektion und Wiederholung von neuen Glaubenssätzen. Offene Kommunikation im Team über unsere mentale Gesundheit ist ein wichtiger Schritt. Überforderungssituationen sollten offen ausgesprochen und gemeinsam gelöst werden – und eben nicht tabuisiert. Ein wichtiger nächster Schritt könnte die Vier-Tage-Woche sein. Das ist ein langwieriger Prozess, denn er betrifft Gehaltsstrukturen, Unternehmenserfolg, Work Load und vieles mehr. Aber dass er sich lohnt, zeigen zahlreiche Vorbilder im In- und im Ausland.

Eine Studie aus Island zum Beispiel zeigt, dass die Einführung der Vier-Tage-Woche zu einer Verbesserung der Arbeitsleistung und einer Reduktion von Stress und Burnout führte. 86 Prozent der isländischen Arbeitskräfte arbeiten inzwischen unter Bedingungen, die entweder die Arbeitszeit reduzieren oder dies erlauben. Auch in Deutschland gibt es positive Pilotprojekte.

Fokus auf mentale Gesundheit

Es sollte also darum gehen, offen mit Kolleg*innen und Vorgesetzten über mentale Gesundheit zu sprechen. Ja, wir sollten den Fokus darauf legen und innovative Arbeitsmodelle wie die Vier-Tage-Woche einführen. Nur so können wir eine nachhaltigere und gesündere Arbeitskultur schaffen.

Mit Existenzängsten, dem Gefühl, zu wenig Geld zum Leben haben, bin ich aufgewachsen. Das steckt tief in mir drinnen und wird bleiben, egal, wie sicher meine finanziellen Verhältnisse jetzt auch sein mögen. Aber es gibt Dinge, die sind veränderbar. Die haben wir selber in der Hand. Und vielleicht lohnt es sich, ab und zu einen Schritt auf Abstand zu gehen, raus aus dem Hustle, tief durchzuatmen und sich selbst zu fragen, was man gerade braucht.

Glossar

[Ableismus] Der Begriff setzt sich zusammen aus dem englischen Wort „able" (deutsch: fähig) und „ismus" (wie in Sexismus). Ableismus bezeichnet die strukturelle Diskriminierung und Abwertung behinderter und/oder chronisch kranker Menschen. Ableismus ist Teil von Behindertenfeindlichkeit, bezieht sich aber auch auf die Strukturen und Denkweisen dahinter.

[agender/ageschlechtlich] Menschen, die agender/ageschlechtlich sind, haben kein Geschlecht oder fühlen sich keinem Geschlecht zugehörig.

[Ally] Personen, die marginalisierte Gruppen aktiv unterstützen, ohne Teil der jeweiligen Gruppe zu sein.

[anti-emanzipatorisch/Antifeminismus] Antifeministisch oder anti-emanzipatorisch sind soziale Bewegungen oder gesellschaftliche Strömungen, die sich organisiert gegen Feminismus stellen. Antifeminismus richtet sich gegen feministische Anliegen und lehnt die Gleichstellung der Geschlechter sowie Sichtbarkeit, Anerkennung und Selbstbestimmung von Frauen und marginalisierten Gruppen ab. „Bei Antifeminismus geht es nicht umbanale Meinungsverschiedenheiten oder unterschiedliche Weltanschauungen. Vielmehr geht es um Diskurs-verschiebungen hin zu Menschenfeindlichkeiten und gewaltvollen Aussagen, die letztlich bestimmte Menschengruppen abwerten", schreibt das Gunda-Werner-Institut über das Phänomen. Antifeminismus könne in zugespitzter Form außerdem den Weg für Gewalttaten und Hassverbrechen ebnen und habe ein beachtliches Radikalisierungspotenzial, online wie analog.

[Anti-muslimischer Rassismus] ist eine Form des Rassismus, die sich spezifisch gegen Muslim*innen richtet und gegen Menschen, die als Muslim*innen wahrgenommen werden, wie beispielsweise Menschen, die auch mit Begriffen wie „Araber*in", „Türk*in", „Migrant*in" und „Ausländer*in" bedacht werden. Teilweise wird diese Art von Diskriminierung auch Islamophobie genannt, allerdings ist „Phobie" ein medizinischer Begriff für Furcht und gruppenbezogene Menschenfeindlichkeit geht weit über Angst hinaus.

[Antirassismus] beschreibt Ansätze und Aktionen, die zum Ziel haben, rassistische Strukturen und Verhältnisse zu bekämpfen oder zu beseitigen.

[Antisemitismus] bezeichnet verschiedene Formen von Judenhass oder Judenfeindlichkeit, der von der Antike bis in die Gegenwart reicht. Genauer gesagt ist Antisemitismus die Zuschreibung von Eigenschaften und Stereotypen, die über das faktische Jüdischsein hinausgehen, eine Weltanschauung, die die Existenz von Juden*Jüdinnen als Ursache aller Probleme darstellt. Im Gegensatz zu Rassismus konstruiert Antisemitismus sein Feindbild nicht nur als unterlegen oder minderwertig, sondern auch als übermächtig und überzivilisiert. Der Zentralrat der Juden in Deutschland empfiehlt die Definition von Antisemitismus der Internationalen Allianz zum Holocaustgedenken (IHRA): „Antisemitismus ist eine bestimmte Wahrnehmung von Jüdinnen und Juden, die sich als Hass gegenüber Jüdinnen und Juden ausdrücken kann. Der Antisemitismus richtet sich in Wort oder Tat gegen jüdische oder nichtjüdische Einzelpersonen und/oder deren Eigentum sowie gegen jüdische Gemeindeinstitutionen oder religiöse Einrichtungen." Die Bundesregierung orientiert sich außerdem an folgender Erweiterung: „Darüber hinaus kann auch der Staat Israel, der dabei als jüdisches Kollektiv verstanden wird, Ziel solcher Angriffe sein."

[Autoritär] Totalitär und diktatorisch. Menschen, die autoritär sind, zeigen sich durch ein starkes Überlegenheitsgefühl, einen überzogenen Machtanspruch und aktives Unterwerfen von Schwächeren aus und fördern Unfreiheit und Intoleranz. Autoritäre Regime sind antidemokratisch und schränken die politische Teilhabe und Interessenvielfalt ein.

[BIPoC/Person of Color] Das Akronym aus dem Englischen steht für Black, Indigenous, People of Color bzw. Person of Color. Dabei handelt es sich um eine politische Selbstbezeichnung für Schwarze, indigene und nicht-*weiße* Menschen. Der Begriff BIPoC entstand aus dem Widerstand gegen diskriminierende Fremdbezeichnungen und ist ein Symbol für den Kampf gegen Unterdrückung und das Streben nach Gleichberechtigung. Manche Schwarzen und indigenen Menschen lehnen die kollektive Bezeichnung ab, da sich ihr soziokultureller und ökonomischer geschichtlicher Hintergrund – der von Kolonialismus, Sklaverei sowie von Rassismus geprägt ist – von dem anderer nicht-*weißer* Menschen bzw. von Menschen of Color unterscheidet.

[Binarität/binär] Binär ist ein System, das zweiteilig ist – also in dem es nur zwei Zustände gibt. Die Binarität beschreibt im Kontext vom Geschlecht die Zweigeschlechtlichkeit – die Annahme, dass es nur die zwei Geschlechter Mann und Frau gibt und dass diese eindeutig voneinander zu trennen sind.

[Care-Arbeit, auch Sorgearbeit genannt] Care-Arbeit beschreibt unbezahlte Tätigkeiten der Sorgearbeit. Dazu zählen Kinderbetreuung und Altenpflege, familiäre Unterstützung, häusliche Pflege und Hilfe unter Freund*innen. Historisch und bis heute wird diese Arbeit übermäßig von Frauen geleistet, und zwar gesellschaftlich als notwendig angesehen, aber trotzdem nicht bezahlt und als Selbstverständlichkeit gefordert. Im globalen Norden wird diese Arbeit heute immer mehr auf Frauen of Color verteilt.

[cis/trans] Das lateinische Präfix „cis-" kann mit „diesseits" übersetzt werden. Es ist das Antonym von „trans-", das so viel heißt wie „über". Als trans bezeichnen sich Menschen, deren Geschlechtsidentität – im Gegensatz zu cis Menschen – nicht mit dem bei der Geburt zugewiesenen Geschlecht übereinstimmt. „Cis" wird genutzt, um dem Begriff „trans" etwas gegenüberstellen zu können und damit zu vermeiden, dass heteronormativ lebende, cisgeschlechtliche Menschen als „Normalfall" konstruiert werden.

[Colorism/light-skinned, dark-skinned] „Colorism ist eine rassistisch geprägte Körperpolitik. Sie bewertet Körper gemessen an einer erfundenen, idealisierten und durchgesetzten *weißen* Norm und platziert sie in einer Hierarchie. Colorism wirkt als ein Wertesystem, in dem Hellsein höher bewertet und gesellschaftlich belohnt wird. Helle Hautschattierung gilt als wünschenswert und schön. Eine dunkle Schattierung gilt als hässlich", erklärt die Schwarze Wissenschaftlerin Maisha-Maureen Auma in einem bei EDITION F erschienen Interview. Oft werden die Begriffe light-skinned und dark-skinned benutzt für Personen mit jeweils hellerer oder dunklerer Hautschattierung. Wann eine Person als light-skinned oder dark-skinned gilt, ist immer vom Kontext abhängig. Dark-skinned Schwarze Menschen sind aufgrund von Colorism also noch stärker von Rassismus betroffen und medial weit weniger sichtbar als light-skinned Schwarze Personen. Colorism kommt nicht nur in Bezug auf Schwarze Personen vor, sondern bspw. auch bei Menschen mit dunkleren oder helleren Hauttönen in Südasien oder im arabischen Raum.

[Deadname] Wenn trans Personen sich einen neuen Namen geben, legen sie ihren alten Namen, der ihnen meist bei der Geburt gegeben wurde, ab. Mit dem Deadname, dem abgelegten Namen, angesprochen zu werden, ist für viele trans Personen sehr verletzend. Das Deadnaming oder Deadnamen passiert manchmal unabsichtlich, wird aber auch absichtlich als eine Form der Gewalt verwendet, wenn jemand den Namen und das Geschlecht einer Person nicht anerkennt.

[Diaspora] Der Begriff kommt aus dem Griechischen und bedeutet eigentlich Zerstreuung. „Diaspora" beschreibt eine Gruppe von Menschen, die ihre Heimat unfreiwillig verließ, über mehrere Orte verstreut wurde und in dem Gebiet dann als Minderheit lebt. Ursprünglich bezog sich der Begriff vor allem auf die jüdische Diaspora. Mittlerweile wird der Begriff immer häufiger verwendet für migrantische Menschen und ihre Nachfahren, die sich durch eine gemeinsame Nationalität, ethnische Zugehörigkeit, Religion oder Kultur verbunden fühlen.

[Emanzipation/emanzipiert] Der Begriff wird grundsätzlich genutzt, um Personen und Gruppen zu beschreiben, die sich aus der Unterdrückung befreien. Die Feministische Emanzipation wird als Befreiungskampf vom Patriarchat verstanden. Der Begriff war besonders relevant während der zweiten Welle des Feminismus. Die Emanzipation zeigte sich dort durch die Schaffung der Abhängigkeit vom Ehemann und der gesellschaftlichen Normen zur Rolle der Frau.

[Femizid] Der Begriff Femizid wurde von der feministischen Aktivistin und Soziologin Diana E. H. Russell entwickelt. Sie definierte Femizid als die Tötung weiblicher Personen aufgrund ihres Geschlechts, wobei Männer die Täter sind. Russell bezieht sich dabei auf die Tötung weiblicher Personen, die auf misogyne Einstellungen oder sexistische Erwartungen der Täter zurückzuführen ist – Tötungen also, bei denen das Geschlecht der Opfer nicht zufällig weiblich ist. In einigen Ländern gibt es eigene Strafbestände für Femizide.

[FLINTA] Das Akronym steht für: Frauen, Lesben, inter, nichtbinäre, trans und agender Personen, also Menschen, die in einer patriarchalen, heteronormativen Gesellschaft aufgrund ihrer geschlechtlichen Identität diskriminiert werden. Obwohl „Lesbe" keine Geschlechtsidentität ist, wird der Begriff aufgezählt, um die feministischen Errungenschaften lesbischer Frauen nicht unsichtbar zu machen.

[Gender, Geschlechtsidentität] Die englische Sprache unterscheidet das biologische Geschlecht („sex") vom sozialen Geschlecht („gender"). Für den Begriff Gender gibt es keine exakte deutsche Übersetzung, weshalb es als Lehnwort in den deutschen Sprachgebrauch aufgenommen wurde. Gender beschreibt in der Wissenschaft das sozial konstruierte Geschlecht, das sich in gesellschaftlich geprägten und individuell erlernten Geschlechterrollen zeigt und zu dem anerzogene Verhaltensweisen sowie soziale Konventionen gehören. Auf einer aktivistischen und persönlichen Ebene meint Gender die Geschlechtsidentität einer Person. Das Wort Geschlechtsidentität beschreibt die individuelle, persönliche Vorstellung des eigenen Geschlechts und der eigenen Geschlechterrolle.

[heteronormativ] Das Konzept der Heteronormativität kritisiert die gesellschaftliche Zweigeschlechterordnung und Entsprechung einer gesellschaftlichen Norm, in der die romantische Beziehung zwischen Mann und Frau als Regelfall dargestellt wird. Kritisiert werden dabei auch die Macht, die davon gegenüber anderen Geschlechtsidentitäten ausgeht, und die damit verbundenen Privilegien.

[Inklusion] Inklusion hat die gesellschaftliche Akzeptanz und gleichberechtigte Teilhabe in allen Lebensbereichen für alle Individuen zum Ziel. Bei Inklusion geht es um mehr als um die Integration von Menschen in eine bestehende Umwelt. Bei Inklusion soll sich niemand verändern müssen, um „hineinzupassen". Inklusion geht von den Bedürfnissen des einzelnen Menschen aus und meint die barrierefreie Anpassung der jeweiligen Umgebung an die Person.

[inter, intergeschlechtlich] Intergeschlechtliche/inter Personen haben Merkmale beider binärer Geschlechter (Mann und Frau), was sowohl durch sekundäre Geschlechtsmerkmale wie Muskelmasse als auch durch primäre Geschlechtsmerkmale wie Geschlechtsorgane zum Ausdruck kommen kann. Inter* kann sich aber auch auf die Geschlechtsidentität einer Person beziehen, die Bezeichnung wird als Überbegriff genutzt, der alle intergeschlechtlichen Realitäten einschließen soll.

[Internalisiert] Im soziologischen Gebrauch bedeutet Internalisierung die Übernahme von Normen und Verhaltensweisen, die die soziale Umwelt vom Individuum verlangt. Darunter fallen auch Formen und Ausprägungen systematischer Diskriminierung. Zum Beispiel lernen Kinder, Homosexualität abzuwerten, bevor sie überhaupt lernen, was Homosexualität ist. Das führt gesamtgesellschaftlich zu subtiler Diskriminierung, die genauso verletzend sein kann wie offene Gewalt.

[Intersektionalität] Intersektionalität ist ein soziologisches Konzept, das ermöglichen soll, Identität als vielschichtiges Konstrukt zu verstehen. Es beschreibt die Überschneidung mehrerer Diskriminierungsformen – wie bspw. Rassismus und Sexismus –, die eine Person erfahren kann. Erstmals verwendete die Schwarze US-amerikanische Juristin Kimberlé Crenshaw den Begriff, um die Schnittmengen und zeitgleichen Wirkungen unterschiedlicher Diskriminierungen sichtbar zu machen und zu analysieren.

[Islamismus] Ideologien und Bewegungen, die zum Ziel haben, im Namen des Islams eine allein religiös legitimierte Gesellschafts- und Staatsordnung zu errichten. Der Islamismus will den Islam institutionell verankern und steht im Widerspruch zu demokratischen Grundsätzen.

[**Klassismus**] beschreibt die Diskriminierung aufgrund der sozialen Herkunft oder des sozialen Status. Dabei werden Menschen, die wenig oder kein ökonomisches (bspw. Eigentum, Vermögen), kulturelles (bspw. Bildungsabschlüsse) oder soziales Kapital (bspw. Netzwerk an Kontakten) besitzen, abgewertet, ausgegrenzt und ausgebeutet.

[**Klimakterium**] Die Wechseljahre werden auch Klimakterium genannt. Das Wort kommt aus dem Griechischen und bedeutet so viel wie Stufenleiter. In ihrem Buch „Die gereizte Frau" plädiert die Autorin Miriam Stein dafür, den Begriff Wechseljahre durch Klimakterium zu ersetzen, da dieser „im Gegensatz zur ‚Menopause' oder den ‚Wechseljahren' nicht von über 300 Jahren Mythen und Missverständnissen geprägt" [sei].

[**LGBTQIA***] Die Buchstabenkombination ist ein Akronym, also ein Wort bestehend aus den Anfangsbuchstaben anderer Begriffe. Das aus dem Englischen übernommene LGBTQIA steht für Menschen, die lesbisch, gay (homosexuell), bisexuell, trans, queer, inter*, asexuell sind. Das Sternchen am Ende ist ein Platzhalter für weitere Personengruppen, deren Geschlechtsidentität und/oder Sexualität ebenfalls von der vermeintlichen Norm abweichen.

[**Marginalisierung**] Der Begriff kommt vom Lateinischen „margo" und heißt übersetzt „Rand". Durch Marginalisierung werden demnach Bevölkerungsgruppen an den „Rand der Gesellschaft" gedrängt, sie findet also in einem Machtgefüge statt. Durch Marginalisierung wird die wirtschaftliche, kulturelle und politische Teilhabe der betreffenden Gruppen eingeschränkt.

[**Mehrheitsgesellschaft**] beschreibt in erster Linie das Machtverhältnis in einem Land. Deshalb spricht man heute oft auch von der „Dominanzgesellschaft", da „Mehrheit" oft gar nicht per se zutrifft. Die „Mehrheitsgesellschaft" bezeichnet den Teil einer Gesellschaft, der aufgrund seiner Machtposition eine vermeintliche kulturelle Norm definiert und repräsentiert und der gesellschaftlich wichtige Positionen besetzt und den Diskurs bestimmt. Um abzubilden, dass die gesellschaftlichen Verhältnisse nicht immer eine Frage von Mehrheit oder Minderheit sind, sondern eben von Dominanz, werden oft auch die Begriffe „minorisiert" oder „marginalisiert" verwendet.

[MeToo-Bewegung] Der Hashtag #metoo ist auf die Aktivistin Tarana Burke zurückzuführen, die ihn bereits 2006 verwendete, um auf sexualisierten Missbrauch an afroamerikanischen Frauen aufmerksam zu machen. 2017 ging #metoo viral, nachdem in der „New York Times" ein Artikel erschien, in dem Film-Produzent Harvey Weinstein sexualisierte Belästigung vorgeworfen wurde. Die Schauspielerin Melissa Milano rief unter #metoo Frauen dazu auf, ihre Erfahrung mit sexualisierten Übergriffen und Missbrauch auf Social Media zu teilen.

[Migrationshintergrund] Der in Deutschland gebräuchlichen Definition des Statistischen Bundesamtes folgend hat eine Person „Migrationshintergrund", „wenn sie selbst oder mindestens ein Elternteil die deutsche Staatsangehörigkeit nicht durch Geburt besitzt". Durch Zuhilfenahme dieser Kategorie können die gesellschaftliche Stellung, strukturelle Benachteiligungen und Barrieren sowie Diskriminierung von Menschen beobachtbar gemacht und dokumentiert werden. Die Verwendung des Begriffs „mit Migrationshintergrund" außerhalb statistischer Betrachtungen gilt laut Bundeszentrale für politische Bildung als umstritten, da dieser in Deutschland geborene und aufgewachsene Kinder von Zugewanderten als „anders" und damit „nicht richtig zugehörig" markiere.

[Misogynie] Der Begriff stammt aus dem Altgriechischen und setzt sich zusammen aus „misos" für Hass und „gyne" für Frau. Misogynie bedeutet also Frauenhass oder Frauenfeindlichkeit und kann als Ideologie- oder Glaubenssystem einer patriarchalen

Gesellschaft bezeichnet werden. Misogynie geht nicht zwingend nur von Männern aus, auch Frauen oder Menschen anderer Geschlechtsidentitäten können die Ablehnung von Frauen aufgrund ihrer Sozialisation in einer patriarchalen Gesellschaft verinnerlicht haben.

[mixed] Der Begriff wird von Menschen, die *weiße* und Schwarze Eltern oder Großeltern haben, als Selbstbezeichnung verwendet. „Mixed" Personen können indirekt von *weißen* Privilegien, bspw. durch einen Elternteil, oder eigenen light-skin Privilegien profitieren. „Mixed" darf keinesfalls als Synonym zu dem in rassistischer Kontinuität stehenden Wort „Mischling" verwendet werden, das auf Rassentheorie beruht und dem Tierreich entnommen wurde.

[Monogamie] Der Begriff beschreibt eine Beziehungsform, bei der eine Person nur mit einer anderen Person statt mit mehreren eine romantische oder sexuelle Beziehung oder Ehe eingeht. Dieser Umstand ist eine gesellschaftliche Norm, die auch durch die Ehe durchgesetzt wird. Mehr als eine*n Partner*in zu haben (Polygamie), ist in der Regel gesellschaftlich verpönt.

[Neurodivergenz] Menschen, die neurobiologische Unterschiede aufweisen, die außerhalb der Norm liegen, werden als neurodivergent bezeichnet. Neurodivergenz ist ein Spektrum, in dem beispielsweise Autismus, ADHS, Dyskalkulie und Zwangsstörungen eingeordnet werden. Personen, die nicht neurodivergent sind, nennt man neurotypisch, also neurobiologisch innerhalb der Norm.

[nicht-binär] Als nicht-binär bezeichnen sich Menschen, die sich außerhalb der binären Geschlechterordnung von „männlich" und „weiblich" verorten, möglicherweise abseits von männlich und weiblich, teilweise oder gleichzeitig männlich und weiblich oder auch ganz abseits von jeglichem Konzept von Geschlecht.

[Patriarchat] Der Begriff beschreibt eine Gesellschaftsordnung, die dem Mann eine bevorzugte Stellung einräumt. In diesem historisch entstandenen Herrschaftssystem werden Institutionen, soziale Beziehungen, Werte und Normen vorwiegend von Männern geprägt, kontrolliert und repräsentiert. Feministische Bewegungen nutzen den Begriff, um die Gesamtheit unterdrückender Geschlechterbeziehungen zulasten von Frauen und Menschen anderer Geschlechtsidentitäten, wie trans, intergeschlechtlichen und nicht-binären Personen, zu benennen.

[Privileg] Privileg beschreibt unfaire und unverdiente Vorteile oder Vorrechte, die durch soziale Ungleichheit entstehen. Privilegien sind zum Beispiel die Abwesenheit von Armut, die Nicht-Betroffenheit von bestimmten Diskriminierungsformen oder Zugänge zu gesellschaftlichen, wirtschaftlichen oder politischen Bereichen, die nicht alle Menschen gleichermaßen haben.

[queer] Queere Menschen leben eine Vielfalt an sexuellen und romantischen Orientierungen und Geschlechtsidentitäten jenseits der cisgeschlechtlichen, heterosexuellen Norm. Jedoch verstehen sich nicht alle homosexuellen, bisexuellen oder lesbischen Menschen automatisch auch als queer. Vielmehr handelt es sich um eine politische Selbstbezeichnung, die aus jahrzehntelangem politischem Widerstand entstand.

[Rassismus] Die Antonio Amadeu Stiftung definiert Rassismus als Ideologie, die Menschen aufgrund ihres Äußeren, ihres Namens, ihrer (vermeintlichen) Kultur, Herkunft oder Religion abwertet. In Deutschland betrifft Rassismus Menschen, die als „nicht-deutsch", also vermeintlich nicht wirklich zugehörig angesehen werden. „Wenn Menschen nicht nach ihren individuellen Fähigkeiten und Eigenschaften oder danach, was sie persönlich tun, sondern als Teil einer vermeintlich homogenen Gruppe beurteilt und abgewertet werden, dann ist das Rassismus. Mit dieser Ideologie werden ungleichwertige soziale und ökonomische Lebensverhältnisse, Ausschlüsse von Menschen oder sogar Gewalt gerechtfertigt", schreibt die Stiftung. Rassismus beruht auf realen Machtunterschieden, die auf einer Einteilung von Menschen nach äußerlichen oder (vermeintlichen) kulturellen Merkmalen in „Wir" und „Andere" beruht. Die „Anderen" werden dabei als weniger wert oder weniger gut als das „Wir" eingestuft.

[Race] ist ein Lehnwort aus dem Englischen, das oft fälschlich mit dem in einer rassistischen und eugenistischen Tradition stehenden Wort „Rasse" übersetzt wird. Der Begriff „race" hat im englischsprachigen Raum, besonders durch die US-amerikanische Bürgerrechtsbewegung, einen Bedeutungswandel vollzogen und verweist darauf, dass es zwar keine Menschenrassen gibt, aber sehr wohl Rassismus aufgrund einer Kategorisierung in vermeintliche „Rassen".

[Schwarz] Die Großschreibung von „Schwarz" ist, der Definition von der Kommunikationssoziologin Dr. Natasha A. Kelly folgend, ein Ausdruck der Sensibilität gegenüber den sprachlichen Herausforderungen im Umgang mit Rassismus. Dadurch soll kenntlich gemacht werden, dass es sich bei der Bezeichnung um eine selbstbestimmte Identität handelt und nicht um die rassistische Beschreibung einer Person. Mit „Schwarz", genauso wie mit „Person of Color", werden also keine Hautfarben beschrieben. Vielmehr handelt es sich dabei um politische Begriffe, die Rassismus und Machtverhältnisse in einer von *weißen* Menschen dominierten Gesellschaft benennen.

[Safer Spaces] Zunächst wurde lange der Begriff „Safe Space" benutzt. Wir sprechen aber nicht mehr von Safe Spaces, da solche herzustellen kaum möglich ist bzw. schwer garantiert werden kann. Safer Spaces, also sicherere Räume, zielen darauf ab, Räume zu schaffen, in denen wenig bis keine Diskriminierung und Gewalt stattfinden, ohne zu ignorieren, dass sie stattfinden können. Damit gibt es auch Mechanismen, um mit Diskriminierung umzugehen, wenn sie stattfindet.

[Sexualisierte Gewalt/Belästigung] Sexualisierte Übergriffe in jeglicher Form, die das sexuelle Selbstbestimmungsrecht des Menschen verletzen. Sexualisierte Gewalt ist eine Form der Machtausübung und findet deshalb oft in Abhängigkeits-verhältnissen statt. Dazu gehören Vergewaltigungen, sexualisierte Berührungen, aufdringliche Blicke, das Zusenden von Nachrichten und Bildern mit sexuellem Inhalt und mehr.

[Shoa] Aus dem Hebräischen übersetzt bedeutet Shoa, auch Schoah geschrieben, „Untergang" oder „Katastrophe".
Der Begriff bezeichnet den Völkermord an Juden*Jüdinnen während des Nationalsozialismus.

[Sozialisation] beschreibt die Wechselwirkung und den Lernprozess zwischen einem Menschen und seiner Umwelt bzw. der Gesellschaft. Der Mensch passt sich an die Umwelt an und verinnerlicht soziale Werte, Normen und Regeln, prägt aber auch die Gesellschaft durch sein Verhalten. Durch diese Wechselwirkung entstehen soziale Rollen wie Mann oder Frau.

[Stereotyp] Ein positives oder negatives Vorstellungsbild einer Person, das auf ihre Zugehörigkeit zu einer Gruppe zurückzuführen ist. Stereotype existieren nicht nur für Minderheiten und entstehen teilweise unbewusst und automatisch – sie können auch positiv gemeint sein. Damit sind sie klar zu unterscheiden von einem Klischee oder Vorurteil.

[Stigma] Der Begriff kommt aus dem Altgriechischen und bedeutet „Brandmal". Dabei ist das Stigma nicht das eigentliche Merkmal, sondern entwickelt sich auf Basis von oft äußerlich erkennbaren Merkmalen von stigmatisierten Personen und Gruppen. Merkmale wie eine Behinderung oder eine Religionszugehörigkeit werden negativ bewertet, größtenteils über dieses Merkmal wahrgenommen und so marginalisiert.

[they/them] They, them und theirs sind englische Personalpronomen. Sie werden in der 3. Person plural wie das deutsche „sie, ihnen, ihrer" verwendet, sind aber auch eine personenbezogene geschlechtsneutrale Version der 3. Person Singular neben he, she und it. Die Pronomen werden schon seit Jahrhunderten verwendet, um über Personen zu sprechen, deren Geschlecht man nicht kennt, werden seit kürzerer Zeit aber auch von meist nicht-binären Personen als persönliche Pronomen genutzt – zunächst im Englischen, aber auch im Deutschen, da der deutschen Sprache offiziell ein solches Pronomen fehlt. Beispiel: Ich gebe them einen Apfel und they isst ihn.

[Token/Tokenism] Der Begriff wurde in den 1970er Jahren von der Soziologin Rosabeth Moss Kanter geprägt. Sie beschrieb damit, wie Unternehmen Frauen symbolisch als „Token" einstellten, um potenzielle Kritik in Bezug auf Diskriminierung zu entkräften. Das Phänomen lässt sich auf viele marginalisierte Gruppen anwenden und beschränkt sich nicht nur auf Unternehmen. Auch zum Beispiel der eine „Schwarze Freund", der erwähnt wird, um sich selbst von einem Rassismusvorwurf freizusprechen, wird zum Token. Tokenism entwertet die betroffenen Personen als Individuum und reduziert sie auf eine Kategorie.

[triggern] Das Wort stammt eigentlich aus der Psychologie und beschreibt dort einen Auslöser – einen Reiz, der einen Flashback auslöst. Im Internet wurden „Trigger-Warnungen" zunächst benutzt, um Menschen vor potenziell (re) traumatisierenden Inhalten zu warnen. Mittlerweile wurde der Begriff zunehmend entfremdet und wird vor allem benutzt, um sich über Menschen lustig zu machen, die Diskriminierung anprangern. „Das hat dich jetzt bestimmt getriggert!"

[weiß] Die Kursivschreibung von *„weiß"* verweist auf die Bedeutung des Wortes als sozialpolitische Analysekategorie, die es ermöglicht, die gesellschaftliche Norm sichtbar zu machen. Dadurch soll angezeigt werden, dass *„weiß"* weder die reelle Hautfarbe noch biologische Eigenschaften einer Person beschreibt, sondern eine dominante und privilegierte Position innerhalb eines rassistischen Machtsystems. *Weißsein* ist ein Identitätskonzept, das meist unausgesprochen und unbenannt bleibt, da es als Norm und Zentrum von Perspektiven gilt.

[woke] Woke sein bedeutet „wachsam" sein für Diskriminierung und Missstand und wird heutzutage meist abwertend gegen Menschen verwendet, die sich aktivistisch engagieren. Der Begriff stammt aus der afroamerikanischen Bewegung und wurde mit der Black Lives Matter Bewegung in den USA und international seit 2014 wieder genutzt. „Stay woke" sollte auf den Straßen vor Polizeigewalt warnen. Heutzutage ist der Begriff vor allem ein rechter Kampfbegriff, der zum Beispiel gegen das Gendern verwendet wird.

Literatur- und Quellenverzeichnis

Vorwort
Julia Becker

Freya von Moltke Stiftung: Freya von Moltke. https://www.fvms.de/die-stiftung/freya-von-moltke/ (zuletzt aufgerufen am 17.07.2024)

Zusammenhalt und Solidarität – Gespräch der Herausgeberinnen über dieses Buch

World Economic Forum: Global Gender Gap Report 2024. Weforum, 11.06.2024, https://www.weforum.org/publications/global-gender-gap-report-2024/digest/ (zuletzt aufgerufen am 16.07.2024)

The Power of Rage – Warum wir alle mehr Wut zulassen sollten
Katharina Rein

Bundesministerium für Familie, Senioren, Frauen und Jugend: Frauen vor Gewalt schützen. Formen der Gewalt erkennen. 06.06.2024, https://www.bmfsfj.de/bmfsfj/themen/gleichstellung/frauen-vor-gewalt-schuetzen/haeusliche-gewalt/formen-der-gewalt-erkennen-80642#:~:text=In%20Deutschland%20wird%20jede%20dritte,oder%20durch%20ihren%20fr%C3%BCheren%20Partner. (zuletzt aufgerufen am 17.07.2024)
Chemaly, Soraya: The power of women's anger. TED, TED Women 2018, 11/2018, https://www.ted.com/talks/soraya_chemaly_the_power_of_women_s_anger?subtitle=en&lng=de&geo=de (zuletzt aufgerufen am 17.07.2024)
Dirik, Hêlîn: Hä, was heißt denn Tone Policing? Missy Magazine, 14.11.2022, https://missy-magazine.de/blog/2022/11/14/hae-was-heisst-denn-tone-policing/ (zuletzt aufgerufen am 17.07.2024)
Hoeder, Ciani-Sophia: „Meine Wut als Schwarze Frau wird ganz anders bewertet als die einer weißen Frau". Stern, 08.06.2017, https://www.stern.de/panorama/ciani-sophia-hoeder---wut-gibt-kraft--30551440.html (zuletzt aufgerufen am 17.07.2024)

Mika, Bascha: „Frauen haben gelernt, ihre Wut nicht zu zeigen". Frankfurter Rundschau, 03.06.2022, https://www.fr.de/fr7/frauen-haben-gelernt-ihre-wut-nicht-zu-zeigen-91591341.html (zuletzt aufgerufen am 17.07.2024)

Schmale-Riedel, Almut: Weibliche Wut. Die versteckten Botschaften hinter Ärger und Co. Erkennen und nutzen. Kösel, 2018.

World Economic Forum: Global Gender Gap Report 2024. Weforum, 11.06.2024, https://www.weforum.org/publications/global-gender-gap-report-2024/digest/ (zuletzt aufgerufen am 16.07.2024)

Sprechen statt schweigen – Wie du Betroffene sexualisierter Gewalt unterstützen kannst
Sara Hassan

W&V Redaktion: Hashtag Me Too gut 10 Millionen Mal getwittert. Fachzeitschrift Werben und Verkaufen, 03.04.2018, https://www.wuv.de/Dossier/MeToo-Von-Machtmissbrauch-und-Sexismus/Hashtag-Me-Too-gut-10-Millionen-Mal-getwittert (zuletzt aufgerufen am 17.07.2024)

Warum die Liebe politisch ist – Wie gesellschaftliche Machtstrukturen unsere intimsten Beziehungen prägen
Anne-Kathrin Heier

Behjat, Shila: Söhne großziehen als Feministin. Ein Streitgespräch mit mir selbst. Hanser, 2024.

Bundeskriminalamt: Häusliche Gewalt im Jahr 2023 um 6,5 Prozent gestiegen. 7.06.2024, https://www.bka.de/DE/Presse/Listenseite_Pressemitteilungen/2024/Presse2024/240607_PM_BLB_Haeusliche_Gewalt.html (zuletzt aufgerufen am 16.07.2024)

Clemm, Christina: Gegen Frauenhass. Hanser Berlin, 2023, Seite 11.

de Beauvoir, Simone: Das andere Geschlecht. Sitte und Sexus der Frau. Rowohlt, Hamburg 1951, Seite 155.

Hedayati, Asha: Die stille Gewalt. Wie der Staat Frauen alleinlässt. Rowohlt, 2023.

Heier, Anne-Kathrin: „Gewalt gegen Frauen wird schulterzuckend hingenommen". EDITION F, 07.12.2023, https://editionf.com/gewalt-gegen-frauen-wird-schulterzuckend-hingenommen/ (zuletzt aufgerufen am 17.07.2024)

Heier, Anne-Kathrin: „Jede vierte Frau in Deutschland erfährt häusliche Gewalt: Wir alle kennen Betroffene, aber auch Täter!". EDITION F, 22.07.2022, https://editionf.com/jede-vierte-frau-in-deutschland-erfa-ehrt-haeusliche-gewalt-wir-alle-kennen-betroffene-aber-auch-taeter/ (zuletzt aufgerufen am 16.07.2024)

hooks, bell: All about love. William Morrow Paperbacks (30. Januar 2018), Seite 37 & Seite 118.

hooks, bell: Understanding Patriarchy. Essay. The Anarchist Library, 12/2004, https://theanarchistlibrary.org/library/bell-hooks-understan-ding-patriarchy (zuletzt aufgerufen am 17.07.2024)

Kurt, Şeyda: Radikale Zärtlichkeit. Warum Liebe politisch ist. Harper Collins, 2021, Seite 17, 18.

Roig, Emilia: Das Ende der Ehe. Ullstein, 2023, Seite 15.

World Economic Forum: Global Gender Gap Report 2024. Weforum, 11.06. 2024, https://www.weforum.org/publications/global-gender-gap-report-2024/digest/ (zuletzt aufgerufen am 16.07.2024)

Verbinden statt spalten – Autoritären Erzählungen etwas entgegensetzen
Gilda Sahebi

Bundesministerium für Wirtschaft und Klimaschutz: Vizekanzler und Bundesminister Robert Habeck, Rede zu Israel und Antisemitismus. BMWK Manuskripte, 01.11.2023, https://www.bmwk.de/Redaktion/DE/Downloads/M-O/manuskripte-habeck-ueber-israel-und-antise-mitismus-de.pdf?__blob=publicationFile&v=4 (zuletzt aufgerufen am 17.07.2024)

Hinzmann, Karsten-Dirk: Gesetzesentwurf der Ampel: Kein deutscher Pass für antisemitische Migranten. Frankfurter Rundschau, 27.11.2023, https://www.fr.de/politik/staatsbuergerschaftsrecht-ha-mas-einbuergerung-gesetzesreform-antisemit-thomae-herrmann-doppelpass-92696833.html (zuletzt aufgerufen am 17.07.2024)

Kry/bbr/dpa: Kollege würdigt „menschliche, ja liebevolle Art" des getöteten Polizisten. Spiegel, 14.06.2024, https://www.spiegel.de/pan-orama/justiz/mannheim-tausende-nehmen-an-trauermarsch-fuer-ge-toeteten-polizisten-teil-a-504ac1e7-3c1b-4630-b933-7769dd7f2032 (zuletzt aufgerufen am 16.07.2024)

Stoffers, Mark: Bürgergeld-Erhöhung ab 2024 „für jeden Angestellten ein Schlag ins Gesicht". Merkur, 20.12.2023, https://www.merkur.de/wirtschaft/angestellte-schwarzarbeit-lohn-buergergeld-erhoehung-2024-empfaenger-geld-staat-arbeit-zr-92732535.html (zuletzt auf-gerufen am 16.07.2024)

Söder, Markus. Twitter.com, 10.06.2024, https://twitter.com/Markus_ Soeder/status/1800132016395936213 (zuletzt aufgerufen am 17.07.2024)

Tagesschau.de: „Lassen Sie sich nicht instrumentalisieren". 08.11.2023, https://www.tagesschau.de/inland/innenpolitik/steinmeier-appell-hamas-100.html (zuletzt aufgerufen am 17.07.2024)

Tagesschau.de: Scholz will Abschiebung nach Afghanistan. 06.06.2024, https://www.tagesschau.de/inland/innenpolitik/scholz-abschiebungen-afghanistan-102.html (zuletzt aufgerufen am 17.07.2024)

Angekommen, um zu bleiben? – Wie der 7. Oktober mein Selbstverständnis als Frau, Mutter und Jüdin nachhaltig veränderte
Linda Rachel Sabiers

Langels, Otto: Schweiz schließt Grenzen für Verfolgte des National-sozialismus. Deutschlandfunk, 13.08.2017, https://www.deutsch-landfunk.de/vor-75-jahren-schweiz-schliesst-grenzen-fuer-ver-folgte-des-100.html#:~:text=Vor%2075%20Jahren-,Schweiz%20 schlie%C3%9Ft%20Grenzen%20f%C3%BCr%20Verfolgte%20 des%20Nationalsozialismus,aus%20rassischen%20Gr%C3%BCn-den%20verfolgt%20wurden. (zuletzt aufgerufen am 17.07.2024)

Recherche und Informationsstelle Antisemitismus Nordrhein-Westfalen: Antisemitische Vorfälle in Nordrhein-Westfalen 2023. Jahresbericht RIAS NRW, 1. Auflage Juni 2024, https://report-antisemitism.de/do-cuments/Jahresbericht_2023_RIAS_NRW.pdf (zuletzt aufgerufen am 17.07.2024)

Tokenism und Colorism – Wieso sehen in der Werbung jetzt alle aus wie ich?
Gizem Eza

Bundeszentrale für politische Bildung: Bevölkerung mit Migrations hintergrund. 24.04.2024, https://www.bpb.de/kurz-knapp/zahlen-und-fakten/soziale-situation-in-deutschland/61646/bevoelkerung-mit-migrationshintergrund/ (zuletzt aufgerufen am 17.07.2024)

Elias, Jennifer: Tech companies like Google and Meta made cuts to DEI programs in 2023 after big promises in prior years. CNBC, 22.12.2023, https://www.cnbc.com/2023/12/22/google-meta-other-tech-giants-cut-dei-programs-in-2023.html (zuletzt aufgerufen am 23.07.2024)

Ford, Brody und Green, Jeff: Zoom Cuts DEI-Focused Team as Corporate America Retreats on Diversity Initiatives. Yahoo! Finance, 06.02.2024, https://finance.yahoo.com/news/zoom-cuts-dei-focused-team-165804476.html?guccounter=1&guce_referrer=aHR0cHM6Ly93d3cuZ29vZ2xlLmNvbS8S8&guce_referrer_sig=AQAA-AEKwNxDqYg4BEaLjMMMMZGjll7UDVGnMLG5LZZNCJR2Wxx0Y-KoKs6V-vEndi4m03OoPDsH1ABGOpgj8RsKMIxtp0QR0eG7sM_CV0wkEAgdVY6T9knuadI_InFgmAXbYAXCV59bC6PxosE079Rn8SzwaQE2ck_xnX93Mk91-nYvAm (zuletzt aufgerufen am 23.07.2024)

Keskinkılıç, Ozan Zakariya: Was ist antimuslimischer Rassismus? Bundeszentrale für politische Bildung, 17.12.2019 https://www.bpb.de/themen/infodienst/302514/was-ist-antimuslimischer-rassismus/ (zuletzt aufgerufen am 17.07.2024)

Molenaar, Koba: Diversity, Equity and Inclusion in Marketing: Changing the Way You Market. Influencer Marketing Hub, 15.05.2024, https://influencermarketinghub.com/diversity-equity-inclusion/ (zuletzt aufgerufen am 23.07.2024)

Moreno, Johan: Google Slashes Diversity Programs After Big Promises. Forbes, 31.12.2023, https://www.forbes.com/sites/johanmoreno/2023/12/31/google-slashes-diversity-programs-after-big-promises/ (zuletzt aufgerufen am 23.07.2024)

Parbey, Celia: „Black is Back": Ist Schwarz sein ein Trend? RosaMag, 31.10.2019, https://rosa-mag.de/black-is-back-ist-schwarz-sein-ein-trend/ (zuletzt aufgerufen am 17.07.2024)

Stewart, Ashley: Microsoft entlässt ein ganzes Team, weil Diversität und Inklusion „nicht mehr geschäftsrelevant" sind. Business Insider, 19.07.2024, https://www.businessinsider.de/wirtschaft/international-business/microsoft-entlaesst-komplettes-diversity-team-das-ist-der-grund/ (zuletzt aufgerufen am 23.07.2024)

Zwischen Stigma und Alltag – Leben mit einer unsichtbaren Behinderung
Ylva Tebartz

Arbeitsgemeinschaft Spina Bifida und Hydrocephalus e.V.: Das Statistische Bundesamt teilt aktuelle Zahlen für 2021 mit – Arbeitsmarkt und Lebenslage. 2021, https://asbh.de/aktuelles/das-statistische-bundesamt-teilt-aktuelle-zahlen-fuer-2021-mit-arbeitsmarkt-und-lebenslage/#:~:text=Der%20gr%C3%B6%C3%9Fte%20Teil%2C%20n%C3%A4mlich%20rund,von%20weniger%20als%2050%20bezeichnet (zuletzt aufgerufen am 16.07.2024)

Brandt, Dr. Hannes H. und Bodmer, Prof. Dr. Daniel: Aktuelle Diagnostik und Therapie bei Ohrmuscheldysplasien und Gehörgangsfehlbildungen. Springer Medizin, Dezember 2023, https://www.springermedizin.de/cholesteatom/operationen-an-ohrmuschel-und-aeusserem-gehoergang/aktuelle-diagnostik-und-therapie-bei-ohrmuscheldysplasien-und-ge/26260048 (zuletzt aufgerufen am 16.07.2024)

Coqual.org: Disabilities and Inclusion – Key Findings. 2017 https://coqual.org/wp-content/uploads/2020/09/CoqualDisabilitiesInclusion_KeyFindings090720.pdf (zuletzt aufgerufen am 16.07.2024)

Reclaim Behinderung! – Warum es völlig okay ist, „behindert" zu sagen
Rebecca Maskos

Köbsell, Swantje: Behinderung – was ist das eigentlich? Bundeszentrale für politische Bildung, 16.05.2023, https://www.bpb.de/themen/inklusion-teilhabe/behinderungen/521026/behinderung-was-ist-das-eigentlich/#node-content-title-0 (zuletzt aufgerufen am 16.07.2024)

Nicht der Rede wert? – Warum gendergerechte Sprache abbildet, was längst gesellschaftliche Realität ist
Camille Haldner

APA: Zustimmung zu geschlechterneutraler Sprache laut Umfrage rückläufig. Der Standard, 05.07.2024, https://www.derstandard.de/story/3000000227215/zustimmung-zu-geschlechterneutraler-sprache-laut-umfrage-r252ckl228ufig (zuletzt aufgerufen am 16.07.2024)

Battaglia, Jennifer: „Ich empfinde das Genderverbot als Demütigung". Zeit Online, 15.04.2024, https://www.zeit.de/gesellschaft/2024-04/genderverbot-bayern-schule-lehrerin-praxis (zuletzt aufgerufen am 16.07.2024)

Bem, Sandra L. und Bem, Daryl J.: Does Sex-biased Job Advertising "Aid and Abet" Sex Discrimination? Journal of Applied Social Psychology, 03/1973, https://onlinelibrary.wiley.com/doi/10.1111/j.1559-1816.1973.tb01290.x (zuletzt aufgerufen am 17.07.2024)

Criado-Perez, Caroline: Unsichtbare Frauen – Wie eine von Daten beherrschte Welt die Hälfte der Bevölkerung ignoriert. Btb, München 2020.

Endler, Rebekka: Das Patriarchat der Dinge - Warum die Welt Frauen nicht passt. Dumont, Köln 2021.

Gabriel, Ute et al.: Generically intended, but specifically interpreted: When beauticians, musicians, and mechanics are all men. Language and Cognitive Processes, Volume 23, 2008 – Issue 3, https://www.tandfonline.com/doi/full/10.1080/01690960701702035? scroll=top&needAccess=true (zuletzt aufgerufen am 16.07.2024)

Gill, Rosalind: (Anti-Feminismus). Die Widersprüche verstehen. (Anti-) Feminismus, Postfeminismus, Neoliberalismus. Aus Politik und Zeitgeschichte 2018, Bundeszentrale für politische Bildung, 20.04.2018, https://www.bpb.de/shop/zeitschriften/apuz/267938/die-widerspruече-verstehen/ (zuletzt aufgerufen am 17.07.2024)

Hannover, Bettina und Vervecken, Dries: Yes I can! Effects of gender fair job descriptions on children's perceptions of job status, job difficulty, and vocational self-efficacy. Fachportal Pädagogik, Social Psychology 46, 2015, https://www.fachportal-paedagogik.de/literatur/vollanzeige.html?Fld=3241637 (zuletzt aufgerufen am 17.07.2024)

Haruna-Oelker, Hadija: Erschreckender AfD-Erfolg: Keine Ausreden mehr. Frankfurter Rundschau, 17.06.2024, https://www.fr.de/meinung/kolumnen/erschreckender-afd-erfolg-keine-ausreden-mehr-93132874.html (zuletzt aufgerufen am 16.07.2024)

Ho, Sandra: Gefahr Antifeminismus – Ein Kampf für die Demokratie. Heinrich Böll Stiftung, Gunda Werner Institut, 30.03.2023, https://www.gwi-boell.de/de/2023/03/30/gefahr-antifeminismus-ein-kampf-fuer-die-demokratie (zuletzt aufgerufen am 17.07.2024)

Kennedy, Stella: Wenn alles plötzlich „Kulturkampf" heißt. NDR, 08.07.2023, https://www.ndr.de/nachrichten/schleswig-holstein/Kolumne-Alles-ist-ploetzlich-Kulturkampf-Warum-,kolumne1494.html (zuletzt aufgerufen am 16.07.2024)

Klein, Dennis: ADS-Gutachten: Staatliche Genderverbote bedrohen Rundfunk- und Wissenschaftsfreiheit. Queer, 13.05.2024. https://www.queer.de/detail.php?article_id=49507 (zuletzt aufgerufen am 16.07.2024)

Lobin, Henning und Nübling, Damaris: Tief in der Sprache lebt die alte Geschlechterordnung fort. Süddeutsche Zeitung, 07.06.2018, https://www.sueddeutsche.de/kultur/genderdebatte-tief-in-der-sprache-lebt-die-alte-geschlechterordnung-fort-1.4003975 (zuletzt aufgerufen am 16.07.2024)

Majid, Asifa, et al.: Grammatical Gender in German Influences How Role-Noun Are Interpreted: Evidence from ERPs. Discourse Processes, 28.11.2018, https://www.tandfonline.com/doi/full/10.1080/01638 53X.2018.1541382 (zuletzt aufgerufen am 17.07.2024)

Mullis, Daniel et al.: Am autoritären Kipppunkt. Taz, 16.06.2023, https://taz.de/Gefahr-antidemokratischer-Tendenzen/!5937734/ (zuletzt aufgerufen am 16.07.2024)

Parbey, Celia: Anatol Stefanowitsch: „Frauen müssen nicht mitgedacht, sondern gleichwertig gedacht werden". EDITION F, 13.05.2019, https://editionf.com/anatol-stefanowitsch-eine-frage-der-moral-politsch-korrekte-gendergerechte-sprache/ (zuletzt aufgerufen am 16.07.2024)

Petersohn, Anne: Genderverbot: Eine Niederlage der bürgerlichen Mitte? Lautstark, 19.04.2024, https://www.gew-nrw.de/neuigkeiten/detail/genderverbot-eine-niederlage-der-buergerlichen-mitte (zuletzt aufgerufen am 16.07.2024)

Pfadenhauer, Katharina: „Solche Verbote gleichen einer Rolle rückwärts". Tagesschau, 03.04.2024, https://www.tagesschau.de/inland/innenpolitik/genderverbot-bayern-100.html (zuletzt aufgerufen am 16.07.2024)

Prange, Aljoscha: Ist gendersensible Sprache wirklich eine Einschrän-kung? NTV, 02.06.2024, https://www.n-tv.de/panorama/Ist-gendersensible-Sprache-wirklich-eine-Einschraenkung-article24962193.html (zuletzt aufgerufen am 16.07.2024)

Schwachenwalde, Sabina: Ungleich Behandelt – Warum unser Gesundheitssystem die meisten Menschen diskriminiert. Goldmann, München 2024.

Technische Universität Dortmund: Geschlechtergerechte Sprache. Ein Überblick über den wissenschaftlichen Diskurs der letzten 50 Jahre. 08/2021, https://gleichstellung.tu-dortmund.de/themen/geschlechtergerechte-sprache/wissenschaftlicher-diskurs/ (zuletzt aufgerufen am 17.07.2024)

Umfrage im Auftrag der Welt am Sonntag: Weiter Vorbehalte gegen gendergerechte Sprache. Inftratest Dimap, Mai 2021, https://www.infratest-dimap.de/umfragen-analysen/bundesweit/umfragen/aktuell/weiter-vorbehalte-gegen-gendergerechte-sprache/ (zuletzt aufgerufen am 16.07.2024)

Unabhängige Bundesbeauftragte für Antidiskriminierung: Rechtliche Einschätzung staatlicher „Genderverbote". Antidiskriminierungsstelle des Bundes, 13.05.2024. https://www.antidiskriminierungsstelle.de/SharedDocs/downloads/DE/publikationen/Standpunkte/05_genderverbot.pdf?__blob=publicationFile&v=5 (zuletzt aufgerufen am 16.07.2024)

WDR-Studie: So gendern die Deutschen. WDR, 06.02.2023, https://www1.wdr.de/nachrichten/gender-umfrage-infratest-dimap-100.html (zuletzt aufgerufen am 16.07.2024)

Wiemann, Rieke: Kampf für Gerechtschreibung. Taz, 27.12.2023, https://taz.de/Genderverbot-an-Schulen/!5972029/ (zuletzt aufgerufen am 16.07.2024)

**Warum muss ich für meinen Namen kämpfen? –
Bedingungslose Selbstbestimmung als Grundrecht**
Mona Siegers

Bundesministerium für Familie, Senioren, Frauen und Jugend: Häufig gestellte Fragen – Gesetz über die Selbstbestimmung in Bezug auf den Geschlechtseintrag (SBGG). BMFSFJ, 12.04.2024, https://www.bmfsfj.de/bmfsfj/themen/gleichstellung/queerpolitik-und-geschlechtliche-vielfalt/gesetz-ueber-die-selbstbestimmung-in-bezug-auf-den-geschlechtseintrag-sbgg--199332 (zuletzt aufgerufen am 16.07.2024)

Deutscher Bundestag: Drucksache 20/11004. Bundestag, 10.04.2024, https://dserver.bundestag.de/btd/20/110/2011004.pdf (zuletzt aufgerufen am 16.07.2024)

Lehmann, Sven: Transsexuellengesetz abschaffen – Gleiche Rechte für alle! BMFSFJ, 21.04.2022, https://www.bmfsfj.de/bmfsfj/aktuelles/reden-und-interviews/transsexuellengesetz-abschaffen-gleiche-rechte-fuer-alle--196166 (zuletzt aufgerufen am 16.07.2024)

Siegers, Mona: „Entscheidend wird sein, wie diese große schweigende Mehrheit der Bevölkerung sich in den Diskurs einbringt" – Politik und Identität: Tessa Ganserer über den Kampf und die Erfolge des Selbstbestimmungsgesetzes. Proudr, 14.09.2023, https://proudr.com/entscheidend-wird-sein-wie-diese-grosse-schweigende-mehrheit-der-bevoelkerung-sich-in-den-diskurs-einbringt-politik-und-identitaet-tessa-ganserer-ueber-den-kampf-und-die-erfolge/ (zuletzt aufgerufen am 16.07.2024)

Weitzel, Petra: Pressemitteilung zum Referentenentwurf Selbstbestimmungsgesetz. Deutsche Gesellschaft für Trans*- und Inter*geschlechtlichkeit e.V. (dgti), 05.10.2023, https://dgti.org/2023/05/10/selbstbestimmungsgesetz/ (zuletzt aufgerufen am 16.07.2024)

(Re)connecting with my Roots – Von der Anpassung zur Wiederentdeckung meiner Kultur
Kantom Azad

Der Kapiteltitel ist inspiriert vom Podcast „Curry on!" und deren Folge „(Re)Connecting – Mit Kantom über Stereotype & Identitätsfindung". Die Schwestern Sarah und Maya Zaheer behandeln im Podcast verschiedene Themen, die die südasiatische Diaspora in Deutschland bewegen und machen so südasiatische Perspektiven sichtbar. Kantom Azad war als Gästin in dieser Folge eingeladen und sagt: Hört unbedingt in den Podcast rein! Podcast.de, Februar 2023, https://www.podcast.de/episode/624597479/reconnecting-mit-kantom-ueber-stereotype-identitaetsfindung (zuletzt aufgerufen am 16.07.2024)

Ein Spektrum ist keine Skala – Die Gefahr von Geschlechterklischees bei der Diagnostik von ADHS und Autismus
Jasmin Dickerson

Ärztezeitung: Mädchen haben offenbar genauso häufig ADHS wie Jungen. 18.07.2006, https://www.aerztezeitung.de/Medizin/Maedchen-haben-offenbar-genauso-haeufig-ADHS-wie-Jungen-385682.html (zuletzt aufgerufen am 16.07.2024)

Stollhoff, Kirsten: Übersehene Mädchen. Spektrum.de, 18.10.2023, https://www.spektrum.de/news/adhs-uebersehene-maedchen/2189250 (zuletzt aufgerufen am 16.07.2024)

Winkelmann, Regine: Autismus versus ADHS. Neue Akzente Nr. 11 03/2018, Seite 17, ADHS Deutschland e.V. https://www.adhs-deutschland.de/sites/default/files/pdf-upload/2023-02/AKZENTE_Nr.111_Autismus.pdf (zuletzt aufgerufen am 16.07.2024)

„Da müssen Sie jetzt leider so durch" – Warum Wechseljahre kein Tabuthema sein dürfen
Fiona Rohde

Äin-red: Wechseljahresbeschwerden / klimakterische Beschwerden. Frauenärzte im Netz, 18.5.2018, https://www.frauenaerzte-im-netz.de/koerper-sexualitaet/wechseljahre-klimakterium/wechseljahresbeschwerden-klimakterische-beschwerden/ (zuletzt aufgerufen am 16.07.2024)

Bruhn, Eiken: Neues Sachbuch über Wechseljahre: „Kein Mann würde das ertragen!". Taz, 06.08.2022, https://taz.de/Neues-Sachbuch-ueber-Wechseljahre/!5871339/ (zuletzt aufgerufen am 16.07.2024)

de Liz, Sheila: Woman on Fire: Alles über die fabelhaften Wechseljahre. Rowohlt Polaris, 2023, Seite 21 ff.

Howard, Tina und Kniestedt, Fanny: Tabus: Wir sollten mehr über die Wechseljahre sprechen. Deutschlandfunk Nova, 22.01.2024, https://www.deutschlandfunknova.de/beitrag/tabus-wir-sollten-mehr-ueber-die-menopause-sprechen (zuletzt aufgerufen am 16.07.2024)

Interessengemeinschaft Wir sind NEUN Millionen! Wir sind 9 Millionen, März 2023 https://wirsindneunmillionen.de/ (zuletzt aufgerufen am 16.07.2024)

Kniestedt, Fanny: Projekt „Wir sind 9 Millionen" – Frauen in Wechseljahren gründen Bewegung. MDR, 30.12.2023, https://www.mdr.de/nachrichten/deutschland/politik/wechseljahre-neun-millionen-bewegung-100.html (zuletzt aufgerufen am 16.07.2024)

Ott, Denise: Sheila de Liz: „Die weibliche Biologie darf kein Insiderwissen sein". EDITION F, 16.04.2019, https://editionf.com/sheila-de-liz-koerper-frauenmedizin-buch-wissen/ (zuletzt aufgerufen am 16.07.2024)

Stein, Miriam: Die gereizte Frau, Was unsere Gesellschaft mit meinen Wechseljahren zu tun hat. Goldmann, 2022, Seite 18 ff.

Fuck the System! – Warum der Kita-Notstand für Frauen ein Schlag ins Gesicht ist
Ann-Kathrin Schöll

Auswärtiges Amt: Feministische Außenpolitik gestalten. Leitlinien des Auswärtigen Amts. 01.03.2023, https://www.auswaertiges-amt.de/blob/2585008/d444590d5a7741acc6e37a142959170e/ll-ffp-data.pdf (zuletzt aufgerufen am 17.07.2024)

Bundesministerium für Arbeit und Soziales: Variable Vergütungssysteme Aktuelle Ergebnisse einer Betriebs- und Beschäftigtenbefragung. Mai 2018, https://www.bmas.de/SharedDocs/Downloads/DE/Publikationen/a891-variable-verfuetungssysteme.pdf?__blob=publicationFile&v=1 (zuletzt aufgerufen am 16.07.2024)

Dannecker, Anna: Wie Firmen die Personalnot in Kitas lindern können. Tagesschau, 27.04.2024, https://www.tagesschau.de/wirtschaft/arbeitsmarkt/kitas-fachkraeftemangel-kinderbetreuung-firmen-100.html (zuletzt aufgerufen am 16.07.2024)

Destatis, Statistisches Bundesamt: 66 % der erwerbstätigen Mütter arbeiten Teilzeit, aber nur 7 % der Väter. 07.03.2022, https://www. destatis.de/DE/Presse/Pressemitteilungen/2022/03/PD22_N012_12. html (zuletzt aufgerufen am 16.07.2024)

Destatis, Statistisches Bundesamt: Frauen in Führungspositionen. https:// www.destatis.de/DE/Themen/Arbeit/Arbeitsmarkt/Qualitaet-Arbeit/ Dimension-1/frauen-fuehrungspositionen.html#:~:text=Nur%20jede% 20dritte%20F%C3%BChrungskraft%20ist,(%2B0%2C6%20Prozent-punkte). (zuletzt aufgerufen am 16.07.2024)

Hagelüken, Alexander: Viele Frauen stecken beruflich zurück. Süd-deutsche Zeitung, 29.11.2023, https://www.sueddeutsche.de/ wirtschaft/vereinbarkeit-job-kinder-vaeter-muetter-unterschie-de-1.6311043 (zuletzt aufgerufen am 16.07.2024)

Meier-Gräwe, Uta: 40 Stunden Arbeit für alle heißt 80 Stunden Arbeit für Frauen. Handelsblatt, 24.06.2024, https://www.handelsblatt.com/ meinung/homo-oeconomicus/arbeitszeit-40-stunden-arbeit-fuer-alle-heisst-80-stunden-arbeit-fuer-eine-frau-05/100037636.html (zuletzt aufgerufen am 16.07.2024)

Pohl, Nicola: Equal Pay Day: Kennst du die wahre Bedeutung des Datums? Gofeminin, 06.03.2024, https://www.gofeminin.de/job-karriere/ gender-pay-gap-s4022351.html (zuletzt aufgerufen am 16.07.2024)

Randstad: Teilzeit ist in deutschen Führungsetagen kaum verbreitet. 13.08.2021, https://www.randstad.de/ueber-randstad/presse/unter-nehmensfuehrung/teilzeit-fuehrungsetagen-kaum-verbreitet/ (zuletzt aufgerufen am 17.07.2024)

Stiftung Warentest: Kinderkrankengeld. Diese Rechte haben berufs-tätige Eltern. 15.05.2024, https://www.test.de/Kind-krank-Diese-Rechte-haben-berufstaetige-Eltern-4956040-0/ (zuletzt aufgerufen am 17.07.2024)

Tagesschau.de: Mehr als 400.000 Kita-Plätze fehlen. 28.11.2023, https:// www.tagesschau.de/inland/gesellschaft/kitaplaetze-studie-100. html#:~:text=In%20Deutschland%20fehlen%20nach%20Berech-nungen,Fr%C3%BChkindliche%20Bildungssysteme%22%20in%20 G%C3%BCtersloh%20mit. (zuletzt aufgerufen am 16.07.2024)

Best Friends Forever – Warum echte Freundschaft mehr zählt als die ewige Liebe
Tino Amaral

British Medical Association: Social Prescribing: Making it work for GPs and patients. BMA House, 2019, Seite 1-3, https://www.bma.org.uk/media/1496/bma-social-prescribing-guidance-2019.pdf (zuletzt aufgerufen am 17.07.2024)

Chopik, William J.: Associations among relational values, support, health, and well-being across the adult lifespan. Wiley Online Library, 19.04.2017, https://onlinelibrary.wiley.com/doi/abs/10.1111/pere.12187 (zuletzt aufgerufen am 17.07.2024)

Lukesch, Barbara: Heilsame Freunde. Sanitas Kundenmagazin, Ausgabe 2, 06/2015, Seite 6, https://www.psychologie.uzh.ch/dam/jcr:ffffffff-ffd5-f0db-ffff-ffffa375392b/20150601_sanitas.pdf (zuletzt aufgerufen am 17.07.2024)

News BBC: ‚Friends help people live longer'. BBC, 15.06.2005, http://news.bbc.co.uk/2/hi/health/4094632.stm (zuletzt aufgerufen am 17.07.2024)

Sample, Ian: The price of love? Losing two of your closest friends. The Guardian, 15.09.2010, https://www.theguardian.com/science/2010/sep/15/price-love-close-friends-relationship (zuletzt aufgerufen am 17.07.2024)

Teetz, Kristian: Warum Freundschaften wichtiger sind als Liebe und Familie. Redaktionsnetzwerk Deutschland, 30.05.2020, https://www.rnd.de/liebe-und-partnerschaft/warum-freundschaften-wichtiger-sind-als-liebe-und-familie-CTHOVJGY4RCQTBVG6DMBTFVIS4.html (zuletzt aufgerufen am 17.07.2024)

U.S. Department of Health and Human Services: Why Social Connection Matters. Our Epidemic of Loneliness and Isolation, 2023, Seite 8, https://www.hhs.gov/sites/default/files/surgeon-general-social-connection-advisory.pdf (zuletzt aufgerufen am 17.07.2024)

van Aken, Marcel A. G. et al.: Self-Esteem Reactions to Social Interactions: Evidence for Sociometer Mechanisms Across Days, People, and Nations. Journal of Personality and Social Psychology, Vol. 95, No. 1. 181-196, American Psychological Association, Seite 193, https://www.psychology.hu-berlin.de/de/prof/perdev/pdf/2008/Denissen_Penke_Schmitt_van_Aken_2008_-_Sociometer.pdf/view (zuletzt aufgerufen am 17.07.2024)

Wüstenhagen, Claudia: Das Geheimnis der Freundschaft. Zeit Wissen, Ausgabe 01 2011, Seite 21, https://www.psychologie.uni-freiburg.de/abteilungen/psychobio/pressespiegel/presse/11-DieZeit.pdf (zuletzt aufgerufen am 17.07.2024)

Sieben Jahre und zehn Monate – Mein Leben mit dem Kinderwunsch
Franziska Gärtner

Ferber, Franziska: Unsere Glückszahl ist die Zwei: Wie wir uns von unserem Kinderwunsch verabschiedeten und unser neues, wunderbares Leben fanden. Eden Books, 2016.

SOLO MOMS Podcast mit Anne Dittmann: Single Mom by Choice: Selbstbestimmt alleinerziehend – mit Kim Reiners. Podcast.de, Juni 2024, https://www.podcast.de/episode/633991286/single-mom-by-choice-selbstbestimmt-alleinerziehend-mit-kim-reiners (zuletzt aufgerufen am 23.07.2024)

Werner, Christine: Unerfüllter Kinderwunsch – Was Paare tun können. SWR, 04.05.2024, https://www.swr.de/swrkultur/wissen/unerfuellter-kinderwunsch-was-paare-tun-koennen-102.html (zuletzt aufgerufen am 17.07.2024)

Mut zur Veränderung – Care-Arbeit fair-teilen!
Yvonne Weiß

Açıl, Dorukhan et al.: Caregiver and Playmate? Mothers' and fathers' brain responses to ball-play with their child. Research Gate, Februar 2024, https://www.researchgate.net/publication/378261637_Caregiver_and_Playmate_Mothers'_and_fathers'_brain_responses_to_ball-play_with_their_child (zuletzt aufgerufen am 17.07.2024)

Bundesministerium für Familie, Senioren, Frauen und Jugend: Zeitverwendungserhebung 2022. Statistisches Bundesamt veröffentlicht neue Zahlen zum Gender Care Gap. 28.02.2024, https://www.bmfsfj.de/bmfsfj/aktuelles/alle-meldungen/statistisches-bundesamt-veroeffentlicht-neue-zahlen-zum-gender-care-gap-236794#:~:text=Gender%20Care%20Gap%20ist%20kleiner%20geworden,-Die%20Erhebung%20bildet&text=Das%20bedeutet%2C%20dass%20Frauen%20t%C3%A4glich,30%20Stunden%20mit%20unbezahlter%20Sorgearbeit. (zuletzt aufgerufen am 17.07.2024)

„Erfolgsfaktor Familie" des Bundesministeriums für Familie, Senioren, Frauen und Jugend, Dezember 2022, https://www.prognos.com/sites/default/files/2022-12/BMFSFJ_Vaeterstudie_20221129_1600.pdf (zuletzt aufgerufen am 17.07.2024)

Europäisches Zentrum für Wirtschaftsforschung und Strategieberatung: Wie väterfreundlich ist die deutsche Wirtschaft? Trends, Rahmenbedingungen und Entwicklungspotenziale. Erstellt im Auftrag des Unternehmensprogramms

Koalitionsvertrag 2021-2025 zwischen SPD, Bündnis 90/Die Grünen und FDP: Mehr Fortschritt wagen. Bündnis für Freiheit, Gerechtigkeit und Nachhaltigkeit. 2021, Seite 100-101, https://cms.gruene.de/uploads/assets/Koalitionsvertrag-SPD-GRUENE-FDP-2021-2025.pdf (zuletzt aufgerufen am 17.07.2024)

Örs, Janine: Schlagwort Familienstartzeit. Zukunftsforum Familie. ZFF-Info 08/2024, 06.06.2024, https://www.zukunftsforum-familie.de/tag/familienstartzeit/ (zuletzt aufgerufen am 17.07.2024)

Tagesschau.de: Mehr als 400.000 Kita-Plätze fehlen. 28.11.2023, https://www.tagesschau.de/inland/gesellschaft/kitaplaetze-studie-100.html#:~:text=In%20Deutschland%20fehlen%20nach%20Berechnungen,Fr%C3%BChkindliche%20Bildungssysteme%22%20in%20G%C3%BCtersloh%20mit. (zuletzt aufgerufen am 16.07.2024)

von Hoyer, Lukas und Loß, Lennardt: Vaterschaftsurlaub soll dieses Jahr kommen – alle Informationen in der Übersicht. Ausgburger Allgemeine, 15.07.2024, https://www.augsburger-allgemeine.de/panorama/vaterschaftsurlaub-ab-2024-deutschland-dauer-infos-15-7-24-102043869 (zuletzt aufgerufen am 17.07.2024)

Web.de: SPD-Fraktionsvize Rix zu Familienstartzeit: FDP soll Blockade aufgeben. 11.06.2024, https://web.de/magazine/politik/spd-fraktionsvize-rix-familienstartzeit-fdp-blockade-aufgeben-39759884 (zuletzt aufgerufen am 17.07.2024)

Zeit Online: Lisa Paus: „Ich entwickle mein Haus zum Gesellschaftsministerium weiter". Veröffentlicht in Reden und Interviews, Bundesministerium für Familie, Senioren, Frauen und Jugend, 25.04.2024, https://www.bmfsfj.de/bmfsfj/aktuelles/reden-und-interviews/lisa-paus-ich-entwickle-mein-haus-zum-gesellschaftsministerium-weiter--224110 (zuletzt aufgerufen am 17.07.2024)

Zeller, Nadine: „Kinder suchen Trost lieber bei Mama als bei Papa? Das ist kein Naturgesetz". Neue Zürcher Zeitung, 26.03.2023, https://www.nzz.ch/wissenschaft/dass-kinder-nach-der-mutter-verlangen-hat-biologische-gruende-doch-den-vaetern-sind-trotzdem-nicht-die-haende-gebunden-ld.1730170 (zuletzt aufgerufen am 17.07.2024)

I'm a Hustler, Baby! – Warum Existenzangst für immer bleibt und wie ein Umgang damit möglich ist
Lana Wittig

Destatis, Statistisches Bundesamt: Gefährdung durch Stress am Arbeitsplatz. 2020, https://www.destatis.de/DE/Themen/Arbeit/Arbeitsmarkt/Qualitaet-Arbeit/Dimension-1/stress-arbeitsplatz. html#:~:text=Jeder%20vierte%20Erwerbst%C3%A4tige%20f%C3%BChlt%20sich,Erwerbst%C3%A4tigen%20psychischen%20Belastungen%20ausgesetzt%20gef%C3%BChlt. (zuletzt aufgerufen am 23.07.2024)

DPA, Larissa Kögl, Zeit Online: Gallup-Studie. Beschäftigte in Deutschland sind zunehmend unzufriedener. Zeit Online, 12.06.2024, https://www.zeit.de/arbeit/2024-06/gallup-studie-unzufriedenheit-arbeitnehmer-deutschland (zuletzt aufgerufen am 17.07.2024)

Epp, Eugen: Island hat die Vier-Tage-Woche ausprobiert. Das sind die Ergebnisse. Stern, 06.07.2021, https://www.stern.de/wirtschaft/job/vier-tage-woche-in-island---ein-ueberwaeltigender-erfolg--30603426.html (zuletzt aufgerufen am 17.07.2024)

Nepomnyashcha, Natalya. Instagram, 28.04.2024, https://www.instagram.com/p/C6TRcjCMvQl/ (zuletzt aufgerufen am 17.07.2024)

Nepomnyashcha, Natalya: Wir von unten. Wie soziale Herkunft über Karrierechancen entscheidet. Ullstein, 2024.

Tödtmann, Claudia: Gallup-Studie 2024: Vorgesetzte verbrennen das Geld ihrer Unternehmen, wenn sie schlecht führen. Blog Wirtschaftswoche, 03.04.2024, https://blog.wiwo.de/management/2024/04/03/gallup-studie-2024/#:~:text=Die%20Ergebnisse%20des%20Gallup%20Engagement,Stand%20seit%20dem%20Jahr%202012. (zuletzt aufgerufen am 17.07.2024)

Ver.di – Vereinte Dienstleistungsgewerkschaft: Leistungssteigerung und Arbeitsintensität. Eine Sonderauswertung des DGB-Index Gute Arbeit 2019 für den Dienstleistungssektor. 12/2020, https://index-gute-arbeit.dgb.de/++co++a60fa18e-6f8b-11eb-92be-001a4a160123 (zuletzt aufgerufen am 17.07.2024)

World Health Organization: Depressive Disorder (Depression). 31.03.2023, https://www.who.int/news-room/fact-sheets/detail/depression (zuletzt aufgerufen am 17.07.2024)

Glossar

Amadeu Antonio Stiftung: Gruppenbezogene Menschenfeindlichkeit – Was ist das? https://www.amadeu-antonio-stiftung.de/gruppenbezogene-menschenfeindlichkeit/ (zuletzt aufgerufen am 17.07.2024)

Amadeu Antonio Stiftung: Was ist Rassismus? https://www.amadeu-antonio-stiftung.de/rassismus/was-ist-rassismus/ (zuletzt aufgerufen am 17.07.2024)

Angry Cripples: Lexikon. Wie heißt das nochmal? https://www.angrycripples.com/lexikon (zuletzt aufgerufen am 17.07.2024)

Antidiskriminierungsstelle des Bundes: Über Diskriminierung. Diskriminierungsmerkmale. Geschlecht und Geschlechtsidentität. https://www.antidiskriminierungsstelle.de/DE/ueber-diskriminierung/diskriminierungsmerkmale/geschlecht-und-geschlechtsidentitaet/geschlecht-und-geschlechtsidentitaet-node.html (zuletzt aufgerufen am 17.07.2024)

Beauftragter der Bundesregierung für jüdisches Leben und den Kampf gegen Antisemitismus: Was ist Antisemitismus? https://www.antisemitismusbeauftragter.de/Webs/BAS/DE/bekaempfung-antisemitismus/was-ist-antisemitismus/was-ist-antisemitismus-node.html (zuletzt aufgerufen am 17.07.2024)

Bundesministerium für wirtschaftliche Zusammenarbeit und Entwicklung: Lexikon der Entwicklungspolitik. https://www.bmz.de/de/service/lexikon#lexicon=13916 (zuletzt aufgerufen am 17.07.2024)

Bundesministerium für wirtschaftliche Zusammenarbeit und Entwicklung: Lexikon. Diaspora. https://www.bmz.de/de/service/lexikon/diaspora-162832#:~:text=Der%20Begriff%20Diaspora%20(altgriechisch%20f%C3%BCr,Gruppe%20dann%20als%20Minderheit%20lebte. (zuletzt aufgerufen am 17.07.2024)

Bundesverband Frauenberatungsstellen und Frauennotrufe (bff): Tötung von Frauen. Merkmale und Tatsachen. Femizid. https://www.frauen-gegen-gewalt.de/de/infothek/toetung-von-frauen-femizid/merkmale-und-tatsachen.html (zuletzt aufgerufen am 17.07.2024)

Bundeszentrale für Politische Bildung: Das Politiklexikon. Autoritär. https://www.bpb.de/kurz-knapp/lexika/politiklexikon/17136/autoritaer/ (zuletzt aufgerufen am 17.07.2024)

Bundeszentrale für politische Bildung: Lexika. Einfach Politik. Rassismus. https://www.bpb.de/kurz-knapp/lexika/lexikon-in-einfacher-sprache/322448/rassismus/ (zuletzt aufgerufen am 17.07.2024)

Bundeszentrale für politische Bildung: LSBTIQ-Lexikon. https://www.bpb.de/themen/gender-diversitaet/geschlechtliche-vielfalt-trans/245426/lsbtiq-lexikon/ (zuletzt aufgerufen am 17.07.2024)

Duden: Diaspora. https://www.duden.de/rechtschreibung/Diaspora (zuletzt aufgerufen am 17.07.2024)

Gill, Rosalind: (Anti-Feminismus). Die Widersprüche verstehen. (Anti-)Feminismus, Postfeminismus, Neoliberalismus. Aus Politik und Zeitgeschichte 2018, Bundeszentrale für politische Bildung, 20.04.2018, https://www.bpb.de/shop/zeitschriften/apuz/267938/die-widersprueche-verstehen/ (zuletzt aufgerufen am 17.07.2024)

Ho, Sandra: Gefahr Antifeminismus – Ein Kampf für die Demokratie. Heinrich Böll Stiftung. Gunda Werner Institut, 30.03.2023, https://www.gwi-boell.de/de/2023/03/30/gefahr-antifeminismus-ein-kampf-fuer-die-demokratie (zuletzt aufgerufen am 17.07.2024)

Informations- und Dokumentationszentrum für Antirassismusarbeit e.V.: Glossar. https://www.idaev.de/recherchetools/glossar (zuletzt aufgerufen am 17.07.2024)

Inklumat: Glossar. Stigmatisierung. https://inklumat.de/glossar/stigmatisierung (zuletzt aufgerufen am 17.07.2024)

International Organization for Migration (UN Migration) Deutschland: Diaspora-Engagement. https://germany.iom.int/de/diaspora-engagement (zuletzt aufgerufen am 17.07.2024)

Jaspers, Lisa et al. (Hrsg.): Unlearn Patriarchy. Glossar. Ullstein, 2022, Seite 14-15.

Kelly, Natasha A.: Schwarz. Deutsch. Weiblich. Piper, 2023.

Landesbeauftragte für Menschen mit Behinderungen, Berlin: Inklusion als Leitbild der UN-BRK. https://www.berlin.de/lb/behi/un-konvention/grundlagen/inklusion-als-leitbild-der-un-brk/ (zuletzt aufgerufen am 17.07.2024)

L'Audace, Luisa: Behindert und stolz. Eden Books, 2022.

Missy Magazine: Glossar Hä, was heißt denn…? https://missy-magazine.de/glossar/ (zuletzt aufgerufen am 17.07.2024)

Parbey, Celia: Was bedeutet „Tokenism"? RosaMag, 17.04.2020, https://rosa-mag.de/was-bedeutet-tokenism/ (zuletzt aufgerufen am 17.07.2024)

Projekt 100% Mensch: Lexikon. Internalisierung. https://100mensch.de/internalisierung/ (zuletzt aufgerufen am 17.07.2024)

Queer Lexikon: Glossar. https://queer-lexikon.net/category/queer-lexikon/glossar/ (zuletzt aufgerufen am 17.07.2024)

Schneider, Gerd und Toyka-Seid, Christiane: Das junge Politik-Lexikon. Holocaust/Schoa. Bundeszentrale für politische Bildung, https://www.bpb.de/kurz-knapp/lexika/das-junge-politik-lexikon/320492/holocaust-schoa/ (zuletzt aufgerufen am 17.07.2024)

von Eisenhart Rothe, Yannick: Getriggert? Ein Psychologe erklärt, warum Trigger nicht bloß ein Meme sind. Spiegel, 19.03.2019, https://www.spiegel.de/psychologie/trigger-warnungen-psychologe-erklaert-wann-und-inwiefern-sie-sinnvoll-sind-a-39b38eab-e1d3-42a4-b501-75637bbb343f (zuletzt aufgerufen am 17.07.2024)

Zentralrat der Juden: International Holocaust Remembrance Alliance. IHRA Arbeitsdefinition Antisemitismus. https://www.zentralratderjuden.de/der-zentralrat/ueber-uns/ihra/ (zuletzt aufgerufen am 17.07.2024)

Die Autor*innen

Tino Amaral (er/ihn) ist ausgebildeter Journalist, Moderator und Podcaster aus Köln. Seit 2021 produziert und moderiert er unter anderem den Podcast „Echt & Unzensiert". Hier beleuchtet er gemeinsam mit Expert*innen und Betroffenen vorurteilsbehaftete Themen und räumt mit Vorurteilen auf. Vor seiner journalistischen Karriere probierte er sich als Stand-up-Comedian aus und arbeitete als Video-Producer. Tino liebt Achterbahnen & Co – vor allem, wenn sie aufwendig thematisiert sind. Außerdem scheut er sich nicht davor, auf einer Tanzfläche Vollgas zu geben.

Kantom Azad (sie/ihr) lebt in Berlin und arbeitet als Content Creatorin für EDITION F. Dort moderiert und produziert sie das Videoformat „Kakao mit Kanti", in dem sie wöchentlich über feministische Themen spricht und dabei Kakao schlürft, alleine oder in Gesellschaft mit ihren Gäst*innen. Nebenbei ist sie als Content Creatorin auf TikTok und Instagram (@itskantom) aktiv und behandelt dort Themen wie Veganismus, Anti-Rassismus, Klimagerechtigkeit, Feminismus, mentale Gesundheit und ihre kulturelle Identität. Hin und wieder tritt Kantom als Spoken-Poetry-Künstlerin auf Poetry-Bühnen und Demos auf. Schreiben gehört eigentlich zu ihren Leidenschaften, doch sie macht es viel zu selten. Am besten klappt bei ihr alles unter Zeitdruck – mit einer leichten Brise von Panik.

Julia Becker (sie/ihr) ist Vorsitzende des Aufsichtsrates der FUNKE Mediengruppe, die zu den größten Medienunternehmen in Deutschland gehört. Geboren wurde Julia Becker in Essen, sie wuchs mit zwei Geschwistern auf. Nach der Schule studierte sie in München und Münster Germanistik, Anglistik, Theaterwissenschaften und Politikwissenschaften. Verheiratet ist die dreifache Mutter mit Otto Becker, dem früheren Springreiter. Kürzlich sagte

sie in einem Interview gegenüber EDITION F, Feminismus
sei kein Projekt, sondern eine Lebensaufgabe. Diese
Einstellung spiegelt sich auch in diesem Buch wider.

Jasmin Dickerson (sie/ihr) ist erwerbstätig im Bereich
Antidiskriminierung und Bildung im Sport. Sie lebt mit ihrer
Tochter seit 2018 im Saarland, wo sie auch aufwuchs.
Schmerzlich vermisst sie aber ihre ehemalige Wahlheimat
Berlin, wo sie 14 Jahre lebte und wo ihre Tochter zur Welt
kam. Jasmin schreibt auf Instagram, in diversen Blogs
und Magazinen sowie in Büchern wie der Anthologie
„Angry Cripples – Stimmen behinderter Menschen gegen
Ableismus" über ihre Mutterschaft, Gleichberechtigung,
Rassismus und Behinderung. Als Autistin mit ADHS,
aber auch als alleinerziehende pflegende Mutter eines
behinderten Kindes hat sie einen facettenreichen Blick
auf Inklusion, Gleichberechtigung und Erwerbsarbeit. Ihre
Expertise zu diesen Themen fließt außerdem in ihre Arbeit
als Sensitivity Readerin, als politische Bildnerin und in ihre
Keynotes, Diversity-Workshops und -Coachings ein. Jasmin
moderiert außerdem den Podcast „Gepflegtes Chaos".

Gizem Eza (sie/ihr) studierte TV-Journalismus in Berlin und
arbeitet als freie Redakteurin und Moderatorin. Bevor sie sich
in die Selbstständigkeit traute, leitete sie unter anderem die
Kommunikation bei ALEX Berlin, moderierte Onlineformate,
stand für unterschiedliche Marken als Werbemodel vor der
Kamera, war Teil der EDITION F-Redaktion und hostete
den FEMALE FUTURE FORCE-Podcast. Gizem fühlt sich
in der Popkultur zu Hause, freut sich morgens bereits
auf ihre (mittlerweile nur noch eine) Tasse Kaffee und
liegt am liebsten auf ihrer Couch, während sie türkische
Serien schaut oder Texte schreibt. Sie singt in einem

Berliner Chor und träumt davon, bald eine eigene Musik-Talkshow zu moderieren und in einer Serie eine Gastrolle zu spielen. Aktuell hostet Gizem eine ZDF-Dokumentation.

Franziska Gärtner (sie/ihr) war bis März 2023 Chief Marketing Officer (CMO) bei EDITION F und ist seit knapp 1,5 Jahren Mama von Pippa, was nach sieben Jahren unerfülltem Kinderwunsch ein Wunder für sie ist. Neben ihrer Care-Arbeit ist sie seit über zehn Jahren Marketingexpertin für Start-ups und hat zum Ende ihrer Elternzeit eine Weiterbildung zur Systemischen Coachin abgeschlossen. Seit Mitte Mai 2024 veröffentlicht sie mit Lisa Trautmann „SAND" – einen Newsletter für Eltern, in dem die beiden ohne rosarote Brille, aber mit viel Empathie vom alltäglichen Chaos auf der Reise durch das Leben mit Kindern erzählen. Franzis Herz schlägt für Spaghettieis im Sommer, Schneeflocken auf der Zunge im Winter und kleine DIY-Projekte – das ganze Jahr über. Themen und Fragen, die sie umtreiben, sind unter anderem Klischees und Vorurteile rund um Kinderwunsch und -erziehung sowie Elternschaft und Vereinbarkeit.

Camille Haldner (sie/ihr) ist Journalistin und schreibt seit 2019 für EDITION F. In ihren Artikeln widmet sich die Redakteurin gesellschaftspolitischen Themen und zwischenmenschlichen Phänomenen. Sie hat vor, während und nach ihrem Journalismus- und Kommunikationsstudium für verschiedene Publikationen gearbeitet und geschrieben, u. a. für die Kulturredaktion vom Schweizer Radio und Fernsehen (SRF), für das Nachrichtenportal „t-online" und für die Zeitschrift „annabelle". Die Wahlberlinerin und Heimwehbaslerin liebt es, Kuchen zum Frühstück zu essen, in Magazinen zu blättern und dem Geräusch von Regen zu lauschen, idealerweise sind das prasselnde Tropfen auf einem Dach, notfalls tut es aber auch das rauschende Geräusch von Autos auf nassem Asphalt. Was Camille so gar nicht liebt: Ungleichbehandlung,

Ungerechtigkeit und nicht nachvollziehbare Zustände im Allgemeinen – wohl auch deshalb ist die Frage nach dem „Warum" seit der Kindheit ihre wohl treuste Begleiterin.

Sara Hassan (they/them) arbeitet seit 2015 zum Thema Machtmissbrauch und sexuelle Belästigung. Nach jahrelanger internationaler Tätigkeit im Bereich politische Kommunikation (u. a. im EU-Parlament) hält die Verfasser*in von „Grauzonen gibt es nicht" Vorträge und Workshops. Nach einem interdisziplinären Masterstudium an der New York University mit einem Fulbright-Austria-Stipendium ist Sara international als Expert*in zum Thema Machtmissbrauch tätig. Sara liebt New York und hat eine ausgeprägte Hassliebe zu Wien, hat zwar extrovertierte Phasen, aber muss nach sozialen Treffen immer erstmal ein paar Stunden ins Nichts starren. Sara ist Trainer*in bei Tag und schreibt dystopische Sci-Fi-Romane bei Nacht, ist am liebsten am Wasser und identifiziert sich seit Neuestem als dog person.

Anne-Kathrin Heier (sie/ihr) begann ihr berufliches Leben als Lektorin im Ammann Verlag und denkt oft zurück an ihre „Schlummermutter" (Lieblingswort) in Zürich. Im Berlin Verlag kümmerte sie sich vor allem um junge deutsche Literatur und türkische Literatur. Danach wechselte sie die Schreibtischseite, erhielt Stipendien des Berliner Senat, an der Akademie Schloss Solitude und in Gargonza/Italien, las beim Ingeborg-Bachmann-Wettbewerb in Klagenfurt und schrieb mit einem Komponisten aus Ljubljana eine moderne Oper, die in Köln uraufgeführt wurde. Heute leitet sie die Redaktion von EDITION F und schreibt am liebsten Reportagen aus dem echten Leben. Außerdem sitzt sie sehr oft in Meetings, kann keinen Smalltalk und hört in den wenigen freien Sekunden alles von *Stromae*. Anne hat zwei kleine Kinder und schaut einmal am Tag dreißig Sekunden in den Himmel.

Rebecca Maskos (sie/ihr) lebt in Berlin und ist Professorin für Disability Studies an der Alice Salomon Hochschule. Studiert hat sie Psychologie und gelernt Journalismus – unter anderem als Volontärin bei Radio Bremen. Auch heute noch schreibt sie hin und wieder als freie Autorin über Behindertenpolitik. Sie ist als kleinwüchsige Frau im Rollstuhl unterwegs, interessiert sich für alle Arten von sozialen Bewegungen und fragt sich, was mit diesen sogenannten Schwerstmehrfachnormalen los ist. Vor ihrer Professur hat sie in feministischen und behindertenpolitischen Projekten und als wissenschaftliche Mitarbeiterin an Hochschulen gearbeitet. Sie geht gerne auf Konzerte, ist passionierte Musikpfeiferin (aber nur, wenn niemand zuhört) und singt in einem Chor.

Katharina Rein (sie/ihr) ist freie Kommunikationsstrategin und Autorin in Berlin. Nach ersten beruflichen Schritten als Radiomoderatorin studierte sie am Londoner King's College Medienmanagement. Mittlerweile ist ihr Spezialgebiet die Entwicklung von Marketingstrategien und Content-Konzepten für feministische Unternehmen wie EDITION F und nevernot. Sie liebt hitzige politische Debatten am Küchentisch um drei Uhr nachts und den Duft von Sonnencreme. Sie findet, die Welt wäre weniger magisch ohne Clubnächte, bei denen die Zeit für ein paar Stunden einfach still steht – und ihr Kopf ausnahmsweise nicht hundert Browser-Tabs gleichzeitig offen hat. Für EDITION F Voices schreibt sie Texte über Körper, Sex und Gefühle. Als Aktivistin beim HACK! Kollektiv entwickelt sie Guerilla-Kampagnen gegen den Rechtsruck in Deutschland.

Fiona Rohde (sie/ihr) ist stellvertretende Chefredakteurin des Frauenportals „gofeminin" sowie Autorin des Voices Newsletters von EDITION F. Sie hat eine Schwäche für Themen rund um mentale Gesundheit, für Menschen, die herausfallen aus unserer Gesellschaft, und all die Dinge, die diese Welt schräg, verwirrend, aber auch inspirierend und schön machen. Die Welt wäre in ihren Augen ein Stück leerer ohne Worte, Schreiben und nächtelange Gespräche. Leer ohne Menschen, bei denen man dieses „Nah"-Gefühl hat und natürlich ohne Tanz und Musik. Daneben sucht sie die Lösung, wie sich Toleranz überfallartig ausbreiten könnte, und wie es gelingen könnte, dass Köln endlich eine Stadt am Atlantik ist.

Linda Rachel Sabiers (sie/ihr) ist Autorin und Kolumnistin. Sie wurde in Köln als Tochter einer israelischen Mutter und eines deutschen Vaters geboren. Neben Texten für Magazine und Tageszeitungen wie die „Süddeutsche Zeitung", für die sie eine Kolumne über jüdisches Leben in Deutschland verfasste, schreibt sie auf ihren Social-Media-Kanälen Alltagsbeobachtungen über das städtische Miteinander. Im November 2024 erscheint ihr Buch „Kleine Momente in der großen Stadt" bei Rowohlt. Linda Rachel Sabiers lebt in Berlin.

Gilda Sahebi (sie/ihr) entschied sich nach ihrem Doppelstudium Medizin und Politik, dass sie nicht als Ärztin arbeiten möchte. Schnell fand sie den Weg in den Journalismus und kann sich heute nichts anderes mehr vorstellen. Ihr Volontariat machte sie beim Bayerischen Rundfunk, danach machte sie einen Ausflug in die Comedy-Welt und arbeitete als Autorin beim ZDF Neo Magazin Royale, und seitdem arbeitet sie als freie Journalistin. Sie berichtet über die Lage im Iran und im Nahen Osten genauso intensiv wie über die politische Lage in Deutschland. Ihre Bücher „»Unser Schwert ist Liebe« Die feministische Revolte im Iran" und „Wie wir uns Rassismus beibringen. Eine Analyse deutscher Debatten" erschienen 2023 und 2024 beim S. Fischer Verlag. Sie liebt Stand-up-Comedy und war schon mal bei ihrem Liebling Jon Stewart in New York in seiner Sendung The Daily Show. Lachen muss immer sein.

Ann-Kathrin Schöll (sie/ihr) ist Mutter eines dreijährigen Sohnes, an den sie ihre Liebe zur Sprache vererbt hat. Schon als Kind schrieb Ann-Kathrin stundenlang Geschichten und Gedichte. Kein Blatt Papier war vor ihr sicher, denn auch das Zeichnen war (und ist noch immer) eines ihrer größten Hobbys. Sie stand deshalb vor der schwierigen Entscheidung: Design- oder Journalismusstudium? Die Liebe zum Zeichnen und Kreativsein siegte, doch ihre unbändige Neugier und Lust zu schreiben, trieben sie noch während ihrer Uni-Zeit in die erste Redaktion. Nach Stationen im Print, in Agenturen und als Freie Texterin landete sie 2014 bei „gofeminin", einem der größten Online-Frauenmagazine in Deutschland. Seit 2023 ist Ann-Kathrin Schöll übergreifende Chefredakteurin aller digitalen Women & Lifestyle-Portale bei FUNKE und jongliert jeden Tag aufs Neue Kind und Karriere.

Mona Siegers (sie/ihr) lebt in Hamburg und studiert dort „Irgendwas mit Medien". Ihre Leidenschaft liegt beim Schreiben und bei Podcasts, weswegen sie neben dem Studium ihren Weg im Podcast-Team von EDITION F begann. Danach gestaltete sie bei der Uhlala Group das Online-Magazin des queeren Karrierenetzwerks „Proudr". Als trans Frau beschäftigt sich Mona in ihren Texten vor allem mit dem Queer- und Trans-Sein, Feminismus und der Geschlechts(nicht) binarität. Nebenbei trainiert sie gerade entschlossen (aber langsam) dafür, irgendwann einen Marathon zu laufen. Wenn Mona nicht liest, schaut sie oft Kinderserien, für die sie eindeutig zu alt ist. Irgendwann möchte sie einen Skandal aufdecken und damit die Paw Patrol in den Ruin treiben.

Ylva Tebartz (sie/ihr) ist Strategic Video Lead für die digitalen Women & Lifestyle-Portale von FUNKE und selbst ernannte Gif-Beauftragte. Ihr Studium begann sie eigentlich an einer Business-Uni in Rotterdam, die sie aber fluchtartig verließ, als ihr klarwurde, dass sie so viele mentale Zusammenbrüche hatte wie nie zuvor. Und weil Ylva sich nicht vorstellen konnte, später in einer der großen Managementberatungen zu arbeiten und dabei auf ihr Sozialleben zu verzichten. Daraufhin zog sie in ihre heutige Wahlheimat Hamburg, wo sie ihre Freizeit mit ausgiebigen Spaziergängen an der Alster, überteuertem Kaffee und Spinning-Classes füllt. Ihr absolutes guilty pleasure sind 2000er Rom-Com-Filme und -Serien, die sie – trotz fehlender feministischer Perspektive, oder gerade deshalb – immer wieder zum Weinen bringen.

Yvonne Weiß (sie/ihr) ist seit 24 Jahren Journalistin und leitet bei FUNKE die Abteilung Cultural Affairs, die sich um die Förderung von Vielfalt in den Teams sowie in den Produkten kümmert. In verschiedenen Führungspositionen bei Zeitungen und im TV hat die studierte Kommunikationswissenschaftlerin erlebt, wie entscheidend die Unternehmenskultur für das Gelingen von Change Prozessen ist und wie herausfordernd es sein kann, eine der wenigen Chefinnen in einer von Männern dominierten Branche zu sein. Female Empowerment und das Bemühen um Vereinbarkeit zahlen für die Mutter von zwei Kindern daher nicht nur auf gesellschaftliche Verbesserungen ein, sondern ganz egoistisch auch auf ihren Arbeitsalltag. Wer in Verantwortung steht, muss den Mund aufmachen und für die sprechen, die leiser sind, glaubt die Autorin des EDITION F Voices-Newsletters. Yvonne spielt gerne Tennis und ihr Motto lautet: „Don't judge."

Lana Wittig (sie/ihr) ist Medienprofi und Ur-Berlinerin, auch wenn man es ihr nicht anhört. Die ersten zehn Jahre ihrer Karriere verbrachte sie in verschiedenen Positionen und Unternehmen der Musikbranche. Danach zog sie in andere Mediengefilde weiter. Beim feministischen Medien-Start-up EDITION F baute sie erst den Sales-Bereich auf und übernahm dann die Geschäftsführung. Im Juni 2023 hat sie als Geschäftsleiterin der taz Genossenschaft im alternativen Medienhaus in Berlin angedockt. Sie war zudem Vizepräsidentin der IHK Berlin und ist als Mentorin immer wieder in verschiedenen Initiativen aktiv. Auch wenn sie gegen Stereotype ankämpft, erfüllt sie einige sehr gerne: Privat schlägt Lanas Herz für süße Hunde, süße Pferde und für Internetkäufe süßer Kindersachen.

Danksagung

Wir danken unseren Lektorinnen, unseren Kolleg*innen, Freund*innen und Wegbegleiter*innen, die von Anfang an an dieses Buchprojekt geglaubt haben. Wir danken den Autor*innen für ihre Lautstärke, ihre Wut, ihre Geschwindigkeit, ihr Denken, ihr Handeln – und ihre Hoffnung. Und wir danken euch: den Leser*innen. Dafür, dass ihr Teil der „Work*in Progress" seid und die Notwendigkeit der Veränderung unter Einbeziehung aller mit uns teilt und dafür aufsteht.

Raum für eigene Gedanken und Forderungen

Raum für eigene Gedanken und Forderungen